Philipp Funke

EDV-gestützte Personaleinsatzplanung. Methoden und Verfahren

GRIN Verlag

Bibliografische Information der Deutschen Nationalbibliothek:

Die Deutsche Bibliothek verzeichnet diese Publikation in der Deutschen National-
bibliografie; detaillierte bibliografische Daten sind im Internet über http://dnb.d-
nb.de/ abrufbar.

Impressum:

Copyright © 2002 GRIN Verlag GmbH
Druck und Bindung: Books on Demand GmbH, Norderstedt Germany
ISBN: 978-3-638-71312-2

Dieses Buch bei GRIN:

http://www.grin.com/de/e-book/7373/edv-gestuetzte-personaleinsatzplanung-
methoden-und-verfahren

Methoden und Verfahren der EDV-gestützten Personaleinsatzplanung

von

Philipp Funke

Universität Hamburg
Fachbereich Wirtschaftswissenschaften
Institut für Informatik

Studienarbeit

Thema:
Verfahren und Methoden der EDV-gestützten Personaleinsatzplanung

Betreuer: André Henkel
Abgabetermin: 02.09.2002

eingereicht von:

Philipp Funke

Inhaltsverzeichnis

Abkürzungsverzeichnis

a.a.O.	=	am angeführten Ort
Abb.	=	Abbildung
ArbZG	=	Arbeitszeitgesetz
Aufl.	=	Auflage
bzgl.	=	bezüglich
bzw.	=	beziehungsweise
d.h.	=	das heißt
DISSY	=	Decision Support System
EDV	=	Elektronische Datenverarbeitung
etc.	=	et cetera
f.	=	folgende (Seite)
ff.	=	fortfolgende (Seiten)
HR	=	Human Resources
Hrsg.	=	Herausgeber
IP	=	Integer Programming (ganzzahlige Programmierung)
JArbSchG	=	Jugendarbeitsschutzgesetz
Jg.	=	Jahrgang
LP	=	Lineare Programmierung
MIP	=	Mixed Integer Programming (gemischt-ganzzahlige Programmierung)
R/3	=	Realtime/3
RKW	=	Rationalisierungs-Kuratorium der Deutschen Wirtschaft
RNA	=	randomized non-ascendent method
S.	=	Seite
SAP	=	Systeme, Anwendungen Produkte in der Datenverarbeitung
TS	=	Tabu Search
u.a.	=	unter anderem
usw.	=	und so weiter
vgl.	=	vergleiche
z.B.	=	zum Beispiel

Abbildungsverzeichnis

Symbolverzeichnis

PB_q^t = qualitativ homogener Teilpersonalbedarf der Art

q (q = 1,2...,Q) in der Periode t (t = 1,2...,T).

PA_r^t = qualitativ homogene Teilpersonalausstattung der Art r

(r = 1,2...,R) in der Periode t (t = 1,2...,T).

e_{rq} = Eignungsgrad der Arbeitskraft der Art r zur Stelle bzw.

Tätigkeit der Art q.

PE_{rq}^t = Anzahl an Arbeitskräften der Kategorie r, die in der Periode t

zur Deckung des Personalbedarfs der Art q eingesetzt werden.

y_r^t = Schlupfvariable, d.h. für andere Einsatzformen verfügbares

Personal.

f_{rq} = Leistungsfaktor, der die Produktivität von Arbeitskräften der

Art r bei Stellen bzw. Tätigkeiten der Art q im Verhältnis zur

Produktivität zum Ausdruck bringt.

PE_{rqs}^2 = Personaleinsatzvariable, die den Wert 1 annimmt, wenn die

Arbeitskraft r, der in der ersten Periode die Stelle bzw. Tätig-

keit q zugeordnet worden ist, in der zweiten Periode die Stelle

bzw. Tätigkeit s (s = 1,2,...,S=Q) übernimmt und sonst den

Wert 0 hat.

e_{rqs} = Eignungsgrad, den die Arbeitskraft r in der zweiten Periode für

die Stelle bzw. Tätigkeit s hat, wenn ihr in der ersten Periode

die Stelle bzw. Tätigkeit q zugewiesen worden ist.

λ , μ , ν = Prioritätsregeln

α , ε = Kontrollparameter

1 Einleitung und Zielstellung der Arbeit

In den letzten Jahrzehnten hat die rapide Entwicklung und der Einsatz von EDV-Technologien zu umfassenden Veränderungen und damit verbundenen Effizienzsteigerungen in allen Bereichen von Wirtschaft und Verwaltung geführt. [1] Besonderes Augenmerk der Unternehmensleitungen lag hierbei hauptsächlich auf den Bereichen Marketing und Produktion. Der Bereich Personal wurde eher stiefmütterlich behandelt. Dem Computer wurde lediglich Einlass als Hilfsmittel in die Lohn- und Gehaltsabrechnung gewährt. Mittlerweile hat sich die Situation verändert und der Human-Resources-Bereich sich zu einem interessanten Markt mit Wachstumspotential entwickelt. Sogenannte computergestützte Personalinformationssysteme bieten hierbei die Möglichkeit der Erfassung, Speicherung, Verarbeitung, Weitergabe und Ausgabe von Informationen zur Unterstützung administrativer und dispositiver personalwirtschaftlicher Aufgaben. Die administrativen Aufgaben beinhalten u.a. die Personalabrechnung, die Bearbeitung von Einstellungen, Versetzungen und Entlassungen. Die dispositiven Aufgaben umfassen beispielsweise das Personalcontrolling, die Personalplanung, die Personalentwicklung, die Nachfolgeplanung und die Entgeltfindung. [2]

Zielsetzung dieser Studienarbeit ist es innerhalb der dispositiven personalwirtschaftlichen Aufgaben einen Teilbereich der Personalplanung, die Personaleinsatzplanung zu untersuchen. Nach einführender Darstellung der Personaleinsatzplanung im folgenden Abschnitt wird im dritten Abschnitt die Verbindung zur EDV-Unterstützung gelegt, es werden die Personaleinsatzplanung beeinflussende Faktoren dargebracht sowie Einsatzbereiche aufgelistet. Der vierte Abschnitt beschäftigt sich mit den gängigen Modellansätzen der Personaleinsatzplanung. Der fünfte Abschnitt – der inhaltliche Schwerpunkt dieser Arbeit – erörtert Verfahren und Methoden zur Optimierung der Personaleinsatzplanung, wobei im Wesentlichen zwischen Assistenten, exakten Verfahren und heuristischen Verfahren unterschieden wird. Der sechste Abschnitt gibt eine Darstellung gängiger Anwendungssysteme in der Praxis wieder bevor im siebten Abschnitt mit einer kritischen zusammenfassenden Schlussbetrachtung die Arbeit abgeschlossen wird.

---

[1] Vgl. Schwarze, Jochen: Einführung in die Wirtschaftsinformatik, 4. Aufl., Berlin u.a. 1997, S. 37 ff.
[2] Vgl. Mülder, Wilhelm: Personalinformationssysteme – Entwicklungsstand, Funktionalität und Trends, in: Wirtschaftsinformatik, 42.Jg. (2000), Sonderheft, S.98

2 Grundlagen

2.1 Personalplanung

Die Personalplanung ist definiert als „Handlungen, die Entscheidungen über die zukünftige Verfügbarkeit von Personal in einem Unternehmen sowie die Kontrolle und Vorbereitung dieser Entscheidungen zum Gegenstand haben."[3] Einen anderen Schwerpunkt legt die Definition nach Drumm: „Der Begriff Personalplanung grenzt alle Handlungen ab, die Entscheidungen über die zukünftige Verwendung von Personal in der Unternehmung sowie die Vorbereitung und Kontrolle dieser Entscheidungen zum Gegenstand haben."[4] Die Definitionen haben gemein, dass sie in die Zukunft weisen, wobei einerseits der Schwerpunkt auf der Verfügbarkeit von Personal und andererseits auf der Verwendung von Personal liegt. Die Personalplanung ist sowohl einer der Aufgabenkomplexe des Personalwesens als auch einer der Aufgabenkomplexe der Unternehmensplanung. Die Personalplanung ist in beide Zusammenhänge zu integrieren.[5]

2.2 Personaleinsatz und Personaleinsatzplanung

2.2.1 Definition

Unter Personaleinsatz ist nach Kossbiel „die Zuordnung des einer Organisation zur Verfügung stehenden Personals zu einzelnen organisatorischen Einheiten (insbesondere Stellen) oder zu einzelnen Tätigkeiten (Aufgaben, Arbeiten) zu verstehen."[6] Der Personaleinsatz ist das Bindeglied zwischen Personalbedarf und Personalausstattung. Die Angaben zum Personaleinsatz beinhalten Informationen darüber, in welchem Umfang (quantitative Dimension), zu welcher Zeit (temporale Dimension), an welchem Ort (lokale Dimension) Arbeitskräfte mit welchen Fähigkeiten Stellen bzw. Tätigkeiten mit welchen Anforderungen (qualitative Dimension) übernehmen. Hierbei führt die qualitative Dimension des Personaleinsatzes die Fähigkeiten von Arbeitskräften und die Stellen- bzw. Tätigkeitsanforderungen zusammen.[7]

---

[3] Vgl. Küpper, Willi: Skriptum der Vorlesung Personalplanung der Universität Hamburg im Wintersemester 2001/2002, S. 3
[4] Vgl. Drumm, Hans Jürgen: Personalplanung, in: Gaugler, Eduard/Weber, Wolfgang (Hrsg.): Handwörterbuch des Personalwesens, 2. Aufl., Stuttgart 1992, Spalten 1758-1769
[5] Vgl. Seibt, Dietrich/Mülder, Wilhelm (Hrsg.): Methoden- und computergestützte Personalplanung, Köln 1986, S. 20
[6] Vgl. Kossbiel, Hugo: Personaleinsatz und Personaleinsatzplanung, in: Gaugler, Eduard/Weber, Wolfgang (Hrsg.): Handwörterbuch des Personalwesens, 2. Aufl., Stuttgart 1992, Spalte 1654
[7] Vgl. Kossbiel, Hugo, a.a.O., Spalte 1654 f.

Die Personaleinsatzplanung wird definiert als gedankliche Vorwegnahme der zu-
künftigen quantitativen, qualitativen, örtlichen und zeitlichen Einordnung des verfügbaren Personals in den Leistungsprozess des Unternehmens unter Berücksichtigung der Ziele des Unternehmens und der gerechtfertigten Belange der einzelnen
Mitarbeiter. Es lassen sich je nach zeitlicher Perspektive zwei Problembereiche unterscheiden: das Anpassungsproblem und das Zuordnungsproblem (siehe Abbildung
1).[8] Geht man von einer mittel- oder langfristigen Perspektive aus, so ist die Personaleinsatzplanung darüber hinaus mit einer Organisations- und Personalentwick-
lungsaufgabe verbunden. Hierbei sind auf der einen Seite die Anpassung der Fähigkeiten der Arbeitskräfte an die Arbeitsanforderungen und auf der anderen Seite die
Anpassung der Arbeitsplätze und Arbeitsanforderungen an die Fähigkeiten und Be-
dürfnisse der Arbeitskräfte zu berücksichtigen. Ausgehend von einer kurzfristigen
Perspektive werden sowohl der Ist-Bestand an Personal als auch die organisatorischen Gegebenheiten als fest angesehen. Sie bilden den Entscheidungsspielraum für
die Personaleinsatzplanung. Hieraus ergibt sich eine unternehmensinterne Zuordnung
eines gegebenen Personalbestandes auf die unterschiedlichen Stellen bzw. Arbeitsplätze eines Unternehmens.[9]

In dieser Arbeit liegt der Schwerpunkt in der kurzfristigen Perspektive der Personaleinsatzplanung – es handelt sich demnach um ein Zuordnungsproblem - jedoch werden der Vollständigkeit halber ebenfalls Modellansätze, Methoden und Verfahren der
mittel- bzw. langfristigen Perspektive erörtert.

Abb. 1: Gestaltungsmöglichkeiten der Personaleinsatzplanung
Quelle: Hornung, Volker: Personalwesen, in: Luczak, Holger/Volpert, Walter (Hrsg.): Handbuch Arbeitswissenschaft, Stuttgart 1997, S. 961

---

[8] Vgl. Hornung, Volker: Personalwesen, in: Luczak, Holger/Volpert, Walter (Hrsg.): Handbuch Arbeitswissenschaft, Stuttgart 1997, S. 960
[9] Vgl. Dietrich, Nadja: Personalplanung und Arbeitsrecht, Diss. Technische Universität Berlin 2001,
S.72 f.

2.2.2 Einordnung der Personaleinsatzplanung in die Personalplanung

Nach Mag muss man die Personaleinsatzplanung „als das Kernstück der Personalplanung bezeichnen, weil sie die Nahtstelle zwischen der Personalplanung und den übrigen Teilbereichen der Unternehmensplanung markiert."[10] Laut Oechsler/Strohmeier ist hingegen die Personalbedarfsplanung die entscheidende Schnittstelle zur Unternehmensplanung[11] und die Personaleinsatzplanung lediglich einer von sechs Bausteinen der Personalplanung (siehe Abbildung 2). Wie aus den zwei zitierten Quellen ersichtlich, gibt es keine exakte Einordnung der Personaleinsatzplanung hinsichtlich der Verbindung zur Unternehmensplanung. Es bleibt jedoch festzuhalten, dass die Personaleinsatzplanung ein wesentlicher Teilbereich der Personalplanung ist und Schnittstellen zu allen anderen Teilbereichen besitzt.

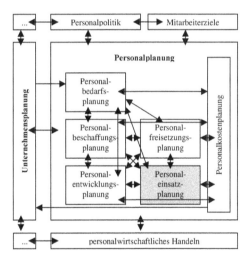

Abb. 2: Einbettung der Personaleinsatzplanung in die Personalplanung
Entworfen und gezeichnet: Verfasser, in Anlehnung an: Oechsler, Walter A./Strohmeier, Stefan: Grundlagen der Personalplanung. in: Mülder, Wilhelm/Seibt, Dietrich (Hrsg.): Methoden- und computergestützte Personalplanung, 2. Aufl., Köln 1994, S. 21

---

[10] Vgl. Mag, Wolfgang: Einführung in die betriebliche Personalplanung, 2. Aufl., München 1998, S. 99
[11] Vgl. Oechsler, Walter A./Strohmeier, Stefan: Grundlagen der Personalplanung, in: Mülder, Wilhelm/Seibt, Dietrich (Hrsg.): Methoden- und computergestützte Personalplanung, 2. Aufl., Köln 1994, S. 20 f.

2.2.3 Ziele der Personaleinsatzplanung

Hauptziel eines jeden Einsatzes von Personal in einem Unternehmen ist es, wirtschaftlichen Erfolg zu erlangen. Dieser Erfolg kann sich in Form eines hohen Gewinnes, eines hohen Umsatzes oder aber in Form möglichst niedriger Kosten widerspiegeln. Darüber hinaus kann die Zuordnung des vorhandenen Personals auf Stellen bzw. Tätigkeiten unter dem Gesichtspunkt maximaler Mitarbeiterzufriedenheit erfolgen.[12] Auf diesen Punkten aufbauend ist die Zielsetzung der Personaleinsatzplanung eine optimale Zuordnung der personellen Fähigkeiten zu den Anforderungen am Arbeitsplatz.[13] Demnach sind Mitarbeiter, die von ihrer derzeitigen Aufgabe über- oder unterfordert werden und aus diesem Grund keine optimale Leistung erbringen - beispielsweise aufgrund hieraus resultierender Unzufriedenheit -, zu erkennen und im Spektrum der Möglichkeiten neu eignungs- und fähigkeitsgerecht einzusetzen.[14]

3   EDV-gestützte Personaleinsatzplanung

Die erste Form der Personaleinsatzplanung erfolgt in allen Phasen im gedanklichen Bereich des Personaleinsatzplaners. Übersteigen die zu bearbeitenden personaleinsatzplanerischen Aufgaben aufgrund ihres Umfangs und ihrer Komplexität die Kapazitäten des menschlichen Gedächtnisses, so ist ein Übergang zu einer schriftlichen Personaleinsatzplanung nötig.[15]

Der Übergang zu einer EDV-gestützten Personaleinsatzplanung wird aufgrund noch aufwendigerer Methoden (z.B. aktuelle Optimierungsverfahren), komplexer werdender Einflussgrößen (z.B. Randbedingungen oder Restriktionen) und umfangreicherer Datenmengen (z.B. umfassendere Archivierung der Mitarbeiterdaten) notwendig.

3.1 Begriff

Die computerunterstützte Personaleinsatzplanung lässt sich in eine computergestützte und in eine computergesteuerte Personaleinsatzplanung aufspalten (siehe Abbildung 3). Während die computergestützte Personaleinsatzplanung die Personaleinsatzplanung nicht gänzlich automatisiert, sondern den Personaleinsatzplaner lediglich informationstechnisch unterstützt (deskriptiv prognostische Informationen), werden bei

[12] Vgl. Kossbiel, Hugo, a.a.O., Spalte 1656
[13] Vgl. Mag, Wolfgang, a.a.O., S. 99
[14] Vgl. RKW(Hrsg.): RKW-Handbuch Personal-Planung, 2. Aufl., Neuwied u.a. 1996, S. 20
[15] Vgl. Finzer, Peter: Personalinformationssysteme für die betriebliche Personalplanung, München u.a. 1992, S. 42

der computergesteuerten Personaleinsatzplanung alle die Personaleinsatzplanung betreffenden Aufgaben größtenteils dem Computer übertragen (normativ prognostische Informationen).[16]

Nach Oechsler/Strohmeier ist die finale Entscheidung eines Personaleinsatzplaners – auch aus sozialen Gesichtspunkten - nicht zu ersetzen. Es ist demnach eine computergestützte Personaleinsatzplanung vorzuziehen.[17]

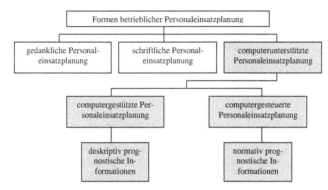

Abb. 3: Formen der betrieblichen Personaleinsatzplanung
Entworfen und gezeichnet: Verfasser, in Anlehnung an:
Finzer, Peter: Personalinformationssysteme für die betriebliche
Personalplanung, München u.a. 1992, S. 43

3.2 Beeinflussende Faktoren

Es gibt diverse die Optimierung des Personaleinsatzes und damit die optimale Personaleinsatzplanung beeinflussende Faktoren. In diesem Abschnitt sollen die wesentlichen zeitlichen, technischen und personellen Randbedingungen sowie die persönlichen Präferenzen erörtert werden.

3.2.1 Zeitliche Randbedingungen

Zeitliche Randbedingungen bzw. zeitliche Restriktionen, gelten als Entscheidungskriterium des Personaleinsatzes. Da man bei erhöhtem Auftragseingang Maschinen zwar länger laufen, nicht aber bzw. nur in zeitlichen Grenzen Mitarbeiter länger arbeiten lassen kann, wird die Einsatzzeit zu einem limitierenden Faktor. Die Wochen-

---

[16] Vgl. Finzer, Peter, a.a.O., S. 42ff., zitiert bei: Oechsler, Walter A./Strohmeier, Stefan, a.a.O., S. 20
[17] Vgl. Domsch, Michel: Systemgestützte Personalarbeit, Wiesbaden 1980, S. 30, zitiert bei: Oechsler, Walter A./Strohmeier, Stefan, a.a.O., S. 20

und Tagesarbeitszeit, d.h. die Zeit, in der ein Arbeitnehmer seine Arbeitskraft einem Betrieb gegen Entgelt zur Verfügung stellt, ist für die Personaleinsatzplanung eine entscheidende Stellgröße bzw. Variable. Die Dauer der Arbeitszeit bzw. die Lage der Arbeitszeit betreffende rechtliche Bestimmungen knüpfen hieran an. Diesbezüglich sei als rechtliche Grundlage für die Arbeitszeitregelung das Arbeitszeitgesetz (ArbZG) genannt, in dem u.a. festgelegt werden:

- Höchstarbeitszeit   -   § 3 ArbZG   (werktäglich 8 Stunden, Verlän-
                                                  gerung auf 10 Stunden möglich)

- Mindestruhepausen -   § 4 ArbZG   (festgelegt, nach Dauer der
                                                  Arbeitszeit, zwischen 0 bis 45
                                                  Minuten)

- Mindestruhezeiten   -   §§ 5 ArbZG ff.   (nach Beendigung der Arbeitszeit
                                                  ununterbrochene Ruhezeit von
                                                  11 Stunden, Sonderregelungen
                                                  möglich)

Unterhalb der gesetzlichen Regelungen befinden sich weitere Regelungen in Form von Tarifverträgen, Betriebsvereinbarungen, Arbeitsverträgen usw.. Auch muss man auf die Möglichkeiten und Formen der Arbeitszeitflexibilisierung wie Gleitzeit, Jahresarbeitszeitverträge, Schichtsysteme etc. hinweisen.[18] Jegliche Form der Arbeitszeitflexibilisierung wird für die Personaleinsatzplanung insoweit zu einem limitierenden Faktor, als dass individuelle Wünsche nach Lage bzw. Dauer der Arbeitszeit berücksichtigt werden müssen.[19]

3.2.2 Technische Randbedingungen

In den Bereich der technischen Randbedingungen fallen die teilweise gesetzlich verankerten objektiven Arbeitsbedingungen. Hierzu zählen der Arbeitsplatz, das Arbeitsobjekt, die Arbeitsmittel und die Arbeitsumwelt. Aus ergonomischen Gründen ist unter anderem ein genügend großer Bewegungsraum, eine möglichst gleichmäßige Arbeitsbelastung, ein möglichst niedriger Energieverbrauch für die Körperhaltung, den Transport von Lasten und die Bedienung von Maschinen sowie ein Minimum an Vibration, Lärm, Wärme, Kälte, Staub etc. am Arbeitsplatz anzustreben

---

[18] Bei Volkswagen in Wolfsburg kamen beispielsweise zwischen 1993 und 1998 insgesamt 150 verschiedene Schichtmodelle zum Einsatz. Siehe hierzu: Arbeitszeiten im Wandel, in: Personalführung, 34. Jg. (2001), Heft 6, S. 15

bzw. aufgrund gesetzlicher Vorschriften einzuhalten. Die Personaleinsatzplanung hat zwar nicht die Aufgabe die aufgrund dieser Randbedingungen auftretenden Probleme zu lösen, jedoch sollte sie Forderungen stellen bzw. Möglichkeiten bezüglich einer Optimierung dieser Randbedingungen aufzeigen.[20]

3.2.3 Personelle Randbedingungen

Als Normalleistung eines Arbeitenden wird „eine Leistung angesehen, die...bei zureichender Eignung, in voller Geübtheit, nach Einarbeitung und Gewöhnung sowie bei befriedigendem, auf die Dauer ohne Gesundheitsschädigung durchhaltbarem Kräfteeinsatz erbracht werden kann."[21] Diese Normalleistung kann jedoch von einzelnen Arbeitnehmergruppen noch nicht, nicht mehr, vorübergehend nicht, nicht den Anforderungen entsprechend oder aber niemals erfüllt werden. Solange die Minderleistung bzw. nicht erbrachte Leistung dieser Arbeitnehmer nicht selbstverschuldet ist, werden sie durch Arbeitnehmerschutzvorschriften (z.B. JArbSchG) vor für sie negative Folgen geschützt. Zu den Arbeitnehmergruppen, bei denen abweichende Einsatzbedingungen zu beachten sind, gehören:

- Jugendliche Arbeitnehmer
- Ältere Arbeitnehmer
- Weibliche Arbeitnehmer
- Leistungsgeminderte bzw. behinderte Arbeitnehmer
- Ausländische Arbeitnehmer

Die bei diesen Arbeitnehmergruppen spezifischen bzw. eingeschränkten Eignungen ergeben Einsatzprobleme. Personelle Randbedingungen müssen hier beim Personaleinsatz beachtet werden.[22]

3.2.4 Persönliche Präferenzen

Weitere die Personaleinsatzplanung beeinflussende Faktoren können auch individuelle Vorzüge der Arbeitnehmer sein. Wie schon unter Abschnitt 3.2.1 angesprochen, kann die Arbeitszeitflexibilisierung in Form von Gleitzeit, Jahresarbeitszeitverträgen, Zeitsparmodellen etc. aufgrund der Berücksichtigung der individuellen Wünsche der Arbeitnehmer nach Lage und/oder Dauer der Arbeitszeit zu einem die Personal-

---

[19] Vgl. Mag, Wolfgang, a.a.O., S.115 ff.
[20] Vgl. Mag, Wolfgang, a.a.O., S.114 f.
[21] Vgl. Mag, Wolfgang, a.a.O., S.129
[22] Vgl. Mag, Wolfgang, a.a.O., S.119 ff.

einsatzplanung beeinflussenden Faktor werden. Diesbezüglich sei hier die praktische Vorstellung erwähnt, dass ein Mitarbeiter gerne mit einem bestimmten anderen Mitarbeiter bzw. einer bestimmten anderen Mitarbeitergruppe arbeiten möchte. Dieser Wunsch muss nun in die Personaleinsatzplanung eingearbeitet werden.

3.3 Einsatzbereiche

Im Grundsatz ist die EDV-gestützte Personaleinsatzplanung für jede Betriebsform, ob nun Dienstleistung, Handel oder Industrie, interessant. Gleichwohl gibt es untereinander spezifische Eigenarten, die mehr oder weniger von einer EDV-gestützten Personaleinsatzplanung profitieren können.

3.3.1 Dienstleistung

Die Erbringung von Dienstleistungen ist in der Regel sehr personalintensiv. Darüber hinaus ist im Dienstleistungssektor ein Kapazitätsausgleich von Angebot und Nachfrage in Form von Lagerung nicht möglich.[23] Dies bedeutet, dass jeweils genügend Personal-Kapazitäten zu dem Zeitpunkt bereitgestellt werden müssen, zu dem die Nachfrage auftritt. Eine zu geringe Personalbereitstellung führt zu einem mangelhaften Service für die Kunden. Eine den Bedarf übersteigende Personalbereitstellung produziert hingegen erhebliche Leerkosten für das Unternehmen. Da der Personalbedarf auch kurzfristig stark schwanken kann, werden in einzelnen Perioden eine unterschiedliche Anzahl an Arbeitnehmern eingesetzt.

Wegen der geschilderten Personalintensität dieses Bereiches, der notwendigen kurzfristigen Personaleinsatzplanung aufgrund wechselndem bzw. längerfristig nicht vorhersehbarem Arbeitsanfall und der damit verbundenen großen Komplexität (z.B. Beachtung von Randbedingungen oder Restriktionen – siehe Abschnitt 3.2) ist eine EDV-gestützte Personaleinsatzplanung von großem Vorteil.

In diesem Zusammenhang sei der völlig diskontinuierliche Arbeitsanfall in Krankenhäusern aufgrund unterschiedlicher, nicht vorhersehbarer Belegsituationen exemplarisch erwähnt. Der Personaleinsatz muss sich hier nach dem kurzfristig tatsächlich benötigten Arbeitseinsatz richten. Eine Optimierung des Personaleinsatzes scheint ohne moderne Software nicht möglich.[24]

---

[23] Vgl. Aggarwal. S. C.: A focussed review of scheduling in services, in: European Journal of Operational Research, 9.Jg. (1982), S. 114 ff., zitiert bei: Spätig, Martin: Computergestützte Personaleinsatzplanung in einer Eisenbahnunternehmung, Diss. Universität Bern 1988, S. 2.
[24] Vgl. Fastenmeier, Heribert: Arbeitszeit-Management im Krankenhaus, in: Personalwirtschaft, 26. Jg. (1999), Sonderheft 10, S. 15ff.

Eine ähnliche Problematik herrscht in einem Call-Center. Hier ist der Anruferstrom stark schwankend. Zum Erreichen einer maximalen Anruferzufriedenheit ist der Personaleinsatz dementsprechend kurzfristig zu planen, was häufig ebenfalls nur mittels einer EDV-gestützten Personaleinsatzplanung möglich ist.[25] Ein weiteres Beispiel, in dem sich die Personaleinsatzplanung sehr gut durch Anwendungssysteme unterstützen lässt, ist die Einsatzplanung für Bus- und Straßenbahnfahrer im Personennahverkehr unter Beachtung eines über den Tag schwankenden Transportbedarfs.[26]

3.3.2 Handel

Einen Zusammenhang zwischen optimaler Personaleinsatzplanung und Kundenzufriedenheit ist auch in Handelsunternehmen zu erkennen. Gerade im Einzelhandel ist ein kurzfristig stark schwankender Kundenstrom zu beobachten. Die Erstellung von Personaleinsatzplänen kann hier auf der Auswertung von Scannerdaten aus dem Abverkauf beruhen.[27] Mittels einer effektiven und bedarfsgerechten Einsatzplanung können Kosten gespart, Wartezeiten reduziert und demnach die Kundenzufriedenheit verbessert werden.[28]

3.3.3 Industrie

In Industrieunternehmen kann ebenfalls der individuelle Arbeitsanfalls schwanken. Normalerweise ist jedoch eine starke tägliche bzw. wöchentliche Abweichung des Arbeitsanfalls nicht zu beobachten. Es handelt sich nicht um starke diskontinuierliche tägliche Schwankungen.[29] Die Schwankungen sind häufig zyklisch und lassen sich längerfristig planen. Ebenfalls können durch die Möglichkeit der Lagerhaltung Nachfrageschwankungen geglättet bzw. ausgeglichen werden. Eine kurzfristige Personaleinsatzplanung ist demnach nicht zwingend erforderlich, jedoch grundsätzlich empfehlenswert.

---

[25] Vgl. Deutschmann, Ingo: Flexibilität im Call-Center, in: Personalwirtschaft, 26. Jg. (1999), Sonderheft 10, S. 33
[26] Vgl. Bader, Bachar: Computerunterstützte Personalinformationssysteme - Stand und Entwicklung, Diss. Technische Universität Dresden 1996, S. 97
[27] Vgl. Bader, Bachar, a.a.O., S. 97
[28] Vgl. Eisenbeis-Trinkle, Petra: Warteschlangen adé, in: Personalwirtschaft, 28. Jg. (2001), Heft 3, S. 88 ff.
[29] Vgl. Jarrah, Ahmad I. Z./Bard, Jonathan F./deSilva, Anura H.: Solving Large-scale Tour Scheduling Problems, in: Management Science, 40. Jg. (1994), Heft 9, S. 1124

4 Modellansätze zur Personaleinsatzplanung

Die in diesem Abschnitt dargebrachten Optimierungsansätze stellen einen Überblick der grundlegenden Modellansätze zur Personaleinsatzplanung dar. Die unterschiedlichen Schwerpunkte liegen in dem jeweilig fixen oder variablen Personalbedarf bzw. der jeweilig fixen oder variablen Personalausstattung.

4.1 Implizit

Geht man von einem qualitativ differenzierten Personalbedarf und einer qualitativ differenzierten Personalausstattung aus, so lässt sich mindestens ein zulässiger Personaleinsatzplan finden, wenn für jede beliebige Zusammenfassung der Teilpersonalbedarfe ausreichend viele geeignete Arbeitskräfte aus der Personalausstattung zur Verfügung stehen.

Wird mit PB_q^t der qualitativ homogene Teilpersonalbedarf der Art q (q = 1,2...,Q) und mit PA_r^t die qualitativ homogene Teilpersonalausstattung der Art r (r = 1,2...,R) jeweils in der Periode t (t = 1,2...,T) bezeichnet, so lässt sich die Bedingung für das Auffinden mindestens eines zulässigen Personaleinsatzplanes unter der Voraussetzung, dass alle geeigneten Arbeitskräfte den Eignungsgrad e_{rq} = 1 und alle ungeeigneten Arbeitskräfte den Eignungsgrad e_{rq} = 0 haben, folgendermaßen formulieren:

$$\sum_{q \in \tilde{Q}} PB_q^t \leq \sum_{r \in \cup R_q} PA_r^t \quad \forall \tilde{Q} \in P(\underline{Q}) \setminus \{\emptyset\} \, und \, \forall \, t \, q \in \tilde{Q}$$

$$mit \quad \underline{Q} \quad = \quad \{1,2,...,q,...,Q\}$$

$$\tilde{Q} \quad \subseteq \quad \underline{Q}$$

$$P(\underline{Q}) \quad = \quad \text{Potenzmenge über } \underline{Q}$$

$$\emptyset \quad = \quad \text{leere Menge}$$

$$R_q \quad = \quad \{r| \text{ Arbeitskräfte der Art r sind für Tätigkeiten der Art q geeignet}\}$$

Insgesamt umfasst das für eine beliebige Periode t geltende System $2^Q - 1$ Ungleichungen.

Dieser „impliziter Ansatz" trägt seinen Namen, weil die Einhaltung sämtlicher Ungleichungen die Existenz mindestens eines zulässigen Personaleinsatzplans impliziert, jedoch nicht ausweist. Der implizite Ansatz wird insbesondere zu experimentellen Untersuchungen der Einsatzflexibilität von Personalausstattungen verwendet, wobei beispielsweise erwartete oder geplante Personalbedarfsentwicklungen auf ihre Verträglichkeit mir der vorhandenen Personalausstattung untersucht werden. Des weiteren können erwartete oder geplante Strukturveränderungen (z.B. durch Weiterbildung) der Personalausstattung auf ihre Fähigkeit, bestimmte Konstellationen des Personalbedarfs zu decken, analysiert werden. Verletzungen von Ungleichungen geben Auskunft darüber, wo Veränderungen, entweder im Personalbedarf oder in der Personalausstattung, notwendig sind. Schließlich kann der implizite Ansatz auch in übergreifendere Optimierungsansätze eingebaut werden, in denen PB_q^t und/oder PA_r^t gegeben oder entscheidungsabhängig sind.[30]

4.2 Explizit

Unter der Annahme gegebener Teilpersonalbedarfe $\overline{PB_q^t}$ und gegebener Teilpersonalausstattungen $\overline{PA_r^t}$ lässt sich ein zulässiger Personaleinsatzplan – sofern ein solcher existiert - über folgendes inhomogenes Gleichungssystem ermitteln:

$$\sum_{r \in R_q} PE_{rq}^t = \overline{PB_q^t} \quad \forall \ q, t$$

$$\sum_{q \in Q_r} PE_{rq}^t + y_r^t = \overline{PA_r^t} \quad \forall \ r, t$$

mit Q_r =   {q| für Tätigkeiten der Art q sind Arbeitskräfte der Art r

geeignet}

Hierbei gibt die Variable PE_{rq}^t die Anzahl an Arbeitskräften der Kategorie r an, die in der Periode t zur Deckung des Personalbedarfs der Art q eingesetzt werden. Die Variable y_r^t stellt eine Art Schlupfvariable (für andere Einsatzformen verfügbares Personal) dar. Insgesamt umfasst das für eine beliebige Periode t geltende System Q + R Gleichungen. Das System trägt den Namen „expliziter Ansatz", da es für jedes Ergebnis mit nicht-negativen Werten für die PE_{rq}^t und y_r^t exakte Angaben zu einem zulässigen Personaleinsatzplan macht. Wie schon beim impliziten Ansatz, lässt sich auch dieses System in umfassendere Optimierungsmodelle einbauen, wobei in die-

---

[30] Vgl. Kossbiel, Hugo, a.a.O., Spalte 1660 f.

sem Fall die Teilpersonalbedarfe PB_q^t und/oder die Teilpersonalausstattungen PA_r^t entscheidungsabhängige Größen sind.[31]

4.3 Disjunkt

Falls sowohl der Personalbedarf $\overline{PB_q^t}$ als auch die Personalausstattung $\overline{PA_r^t}$ gegebene Größen sind, so spricht man von einer disjunkten Personaleinsatzplanung. Ziel ist es hier, die je nach Zielgröße (z.b. wirtschaftlicher Erfolg, Mitarbeiterzufriedenheit) optimale – und nicht nur zulässige - Zuordnung von Stellen bzw. Tätigkeiten zu Arbeitskräften zu finden. Ein auf dem expliziten Ansatz beruhendes Modell zur Optimierung des Personaleinsatzes in der Periode t lautet wie folgt:

Zielfunktion:

$$\sum_{r=1}^{R}\sum_{q=1}^{Q} e_{rq} PE_{rq}^t \overset{!}{=} \quad \text{max. oder min.}$$

Nebenbedingungen:

$$1. \quad \sum_{r=1}^{R} PE_{rq}^t \quad = \quad \overline{PB_q^t} \,\forall\, q$$

$$2. \quad \sum_{q=1}^{Q} PE_{rq}^t \quad \leq \quad \overline{PA_r^t} \,\forall\, r$$

$$3. \quad 0 \quad \leq \quad PE_{rq}^t \,\forall\, r, q$$

Es ist aufgrund der Zielfunktion unter allen zulässigen Zuordnungsmustern jenes Zuordnungsmuster auszuwählen, welches - je nach Bedeutung der Koeffizienten e_{rq} - zur höchsten bzw. zur niedrigsten Summe (z.b. der Erfolgs- bzw. Mitarbeiterzufriedenheitswerte) führt. Kernproblem ist dabei die Bestimmung ebenjener Koeffizienten, die als untereinander und als von den möglichen Zuordnungsmustern unabhängig betrachtet werden. Die Nebenbedingungen stellen u.a. sicher, dass jeder Teilpersonalbedarf q tatsächlich gedeckt ist (1. Nebenbedingung) bzw. dass nicht mehr Arbeitskräfte für einen Einsatz vorgesehen werden, als tatsächlich verfügbar sind (2. Nebenbedingung). Es ergibt sich nur dann mindestens eine zulässige Lösung, wenn gilt:

---

[31] Vgl. Kossbiel, Hugo, a.a.O., Spalte 1661

$$\sum_{q=1}^{Q} \overline{PB_q^t} \quad \leq \quad \sum_{r=1}^{R} \overline{PA_r^t}$$

Das obige Modell geht in das sogenannte klassische Personalzuordnungsproblem bei folgender Annahme über:

$$\overline{PB_q^t} = 1 \;\forall\; q,t \qquad , \qquad \overline{PA_r^t} = 1 \;\forall\; r,t \qquad \text{und} \qquad Q = R$$

Hier werden einzelne Stellen bzw. Tätigkeiten und einzelne Arbeitskräfte betrachtet.[32]

Exemplarisch sei auf den „rechnerunterstützten Personaleinsatz am Beispiel einer Fertigungsinsel-Organisation" von Bühner / Kleinschmidt hingewiesen. In einer Optimierungskomponente werden hier unter Berücksichtigung von Qualifikations- und Anforderungsprofilen Zuordnungen berechnet. wobei es sich bei dem Abgleich zwischen Qualifikations- und Anforderungsprofilen um eine Verallgemeinerung des dargestellten klassischen Zuordnungsproblems handelt. [33]

4.4 Konjunkt

Bei der konjunkten Personaleinsatzplanung ist zumindest eine der beiden Größen Personalbedarf und Personalausstattung nicht vorgegeben. Die Personaleinsatzplanung wird deshalb als Teil einer Personalbereitstellungs-, Personalverwendungs- oder simultanen Personalplanung durchgeführt. Es kann sowohl der unter Abschnitt 4.1 besprochene implizite als auch der unter Abschnitt 4.2 angesprochene explizite Ansatz gewählt werden. Uneingeschränkt gilt dieses jedoch nur, wenn der Eignungsgrad von Arbeitskräften die Werte 1 oder 0 annehmen kann. Für den Fall einer stärkeren Abstufung der Eignungsgrade ist der nachfolgende explizite Ansatz zu wählen:

$$\sum_{r \in R_q} f_{rq} PE_{rq}^t \quad = \quad PB_q^t \forall\, q$$

$$\sum_{q \in Q_r} PE_{rq}^t \quad \leq \quad PA_r^t \forall\, r$$

[32] Vgl. Kossbiel, Hugo, a.a.O., Spalte 1661 f.
[33] Vgl. Bühner, Rolf/Kleinschmidt, Peter: Rechnerunterstützter Personaleinsatz-dargestellt am Beispiel einer Fertigungsinsel-Organisation, in: Die Betriebswirtschaft, 49. Jg. (1989), S.767

f_{rq} ist ein Leistungsfaktor, der die Produktivität von Arbeitskräften der Art r bei Stellen bzw. Tätigkeiten der Art q im Verhältnis zur Produktivität zum Ausdruck bringt, die der sogenannten Personalbedarfsermittlung zugrundegelegt worden ist.[34]

4.5 Statisch und dynamisch

Eine weitere Differenzierung in statische und dynamische Personaleinsatzkonzepte ist möglich. Die Unterscheidung richtet sich nach der Veränderbarkeit der Zuordnung der Arbeitsaufgabe und Person in zeitlicher, qualitativer und quantitativer Hinsicht.[35]

Dynamische Ansätze der Personaleinsatzplanung enthalten auf verschieden Perioden bezogene, miteinander verknüpfte, Personaleinsatzvariablen. Eine dynamische Erweiterung des klassischen Personalzuordnungsproblems um eine Periode lautet wie folgt:

Zielfunktion:

$$\sum_{r=1}^{R}\sum_{q=1}^{Q} e_{rq} PE_{rq}^{1} + \sum_{r=1}^{R}\sum_{q=1}^{Q}\sum_{s=1}^{S=Q} e_{rqs} PE_{rqs}^{2} \overset{!}{=} \quad \text{max.}$$

Nebenbedingungen:

1. $\displaystyle\sum_{r=1}^{R} PE_{rq}^{1} = 1 \,\forall\, q$

2. $\displaystyle\sum_{q=1}^{Q} PE_{rq}^{1} = 1 \,\forall\, r$

3. $\displaystyle\sum_{r=1}^{R}\sum_{q=1}^{Q} PE_{rqs}^{2} = 1 \,\forall\, s$

4. $\displaystyle\sum_{q=1}^{Q}\sum_{s=1}^{S=Q} PE_{rqs}^{2} = 1 \,\forall\, r$

5. $PE_{rq}^{1} - PE_{rqs}^{2} \geq 0 \,\forall\, r,q,s$

6. $0 \leq PE_{rq}^{1}, PE_{rqs}^{2} \leq 1$ und ganzzahlig $\forall\, r,q,s$

7.

PE_{rqs}^{2} steht hier für eine Personaleinsatzvariable, die den Wert 1 annimmt, wenn die Arbeitskraft r, der in der ersten Periode die Stelle bzw. Tätigkeit q zugeordnet wor-

---

[34] Vgl. Kossbiel, Hugo, a.a.O., Spalte 1661 f.
[35] Vgl. Dietrich, Nadja, a.a.O., S. 73

den ist, in der zweiten Periode die Stelle bzw. Tätigkeit s (s = 1,2,...,S=Q) übernimmt und sonst den Wert 0 hat.

e_{rqs} entspricht dem Eignungsgrad, den die Arbeitskraft r in der zweiten Periode für die Stelle bzw. Tätigkeit s hat, wenn ihr in der ersten Periode die Stelle bzw. Tätigkeit q zugewiesen worden ist.

Es wird sichergestellt, dass auch in Periode 2 jede Stelle s genau einmal besetzt wird (3. Nebenbedingung), dass Arbeitskraft r in Periode 2 genau eine Stelle bzw. Tätigkeit zugewiesen wird (4. Nebenbedingung) und dass eine Stellen- bzw. Tätigkeitsfolge (q,s) für Arbeitskraft r nur dann möglich ist, wenn diese Arbeitskraft in Periode 1 die Stelle bzw. Tätigkeit q übernommen hat (Nebenbedingung 5).[36]

Für dieses oben aufgeführte Problem ist ein Ansatz formuliert worden, dessen Ziel es ist, ein Zuordnungsmuster zu finden, für das die Summe der absoluten Abweichungen zwischen den Fähigkeiten der eingesetzten Arbeitskräfte und den Anforderungen der entsprechenden Stellen minimal wird. Der Ansatz lautet folgendermaßen:

Zielfunktion:

$$\sum_{i=1}^{I}\sum_{q=1}^{Q}(d_{iq}^{1}+\overline{d_{iq}^{1}}) + \sum_{i=1}^{I}\sum_{s=1}^{S}(d_{is}^{2}+\overline{d_{is}^{2}}) \overset{!}{=} \quad min.$$

Nebenbedingungen:

1. $\displaystyle\sum_{r=1}^{R} PE_{rq}^{1} = 1 \,\forall\, q$

2. $\displaystyle\sum_{q=1}^{Q} PE_{rq}^{1} = 1 \,\forall\, r$

3. $\displaystyle\sum_{r=1}^{R}\sum_{q=1}^{Q} PE_{rqs}^{2} = 1 \,\forall\, s$

4. $\displaystyle\sum_{q=1}^{Q}\sum_{s=1}^{S=Q} PE_{rqs}^{2} = 1 \,\forall\, r$

5. $PE_{rq}^{1} - PE_{rqs}^{2} \geq 0 \,\forall\, r,q,s$

6. $0 \leq PE_{rq}^{1}, PE_{rqs}^{2} \leq 1$ und ganzzahlig $\forall\, r,q,s$

7. $\displaystyle\sum_{r=1}^{R} a_{ir} PE_{rq}^{1} - d_{iq}^{1} + \overline{d_{iq}^{1}} = a_{iq} \,\forall\, q,i$

8. $\displaystyle\sum_{r=1}^{R}\sum_{q=1}^{Q} b_{irq} PE_{rqs}^{2} - d_{is}^{2} + \overline{d_{is}^{2}} = a_{is} \,\forall\, s,i$

wobei:

a_{ir} = Ausprägungsgrad des Beurteilungsmerkmals i bei Arbeitskraft

r zu Beginn der Planungsperiode.

a_{iq} = Ausprägungsgrad des Beurteilungsmerkmals i bei Stelle bzw.

Tätigkeit q.

b_{irq} = Ausprägung des Beurteilungsmerkmals i bei Arbeitskraft r in

der zweiten Periode, wenn ihr in der ersten Periode die Stelle

bzw. Tätigkeit q zugewiesen worden ist.

$d_{iq}^{1}(\overline{d_{iq}^{1}})$ = positive bzw. negative Abweichung zwischen den Fähigkeits-

und Anforderungsgraden bzgl. des Beurteilungsmerkmals i,

und zwar bei jener Arbeitskraft r, welche die Stelle bzw. Tä-

tigkeit q in der Periode 1 übernimmt.

$d_{is}^{2}(\overline{d_{is}^{2}})$ = positive bzw. negative Abweichung zwischen den Fähigkeits-

und Anforderungsgraden bzgl. des Beurteilungsmerkmals i,

und zwar bei jener Arbeitskraft r, welche die Stelle bzw. Tä-

tigkeit s in Periode 2 übernimmt.[37]

Ein statischer Ansatz bedient sich nur einer Periode, so dass man eine statische Formulierung erhält, indem man den ersten Term der Zielfunktion mit den Nebenbedingungen 1., 2. und 7. gebraucht.

Im nächsten Abschnitt angesprochene Verfahren und Methoden – u.a. die ganzzahlige Optimierung[38] – kommen zur Lösung der hier unter Abschnitt 4. dargelegten Optimierungsansätze in Betracht.

5 Verfahren und Methoden

Sich ablösend von einem Personaleinsatzplaner, der täglich oder wöchentlich „münd-
lich" den Mitarbeitern ihre Arbeitsstätte zuweist bzw. der lediglich „mit Stift und
Zettel" oder auf seinem „Magnetbrett" die einzelnen Mitarbeiter den jeweiligen Ar-

---

[36] Vgl. Kossbiel, Hugo, a.a.O., Spalte 1663 f.
[37] Vgl. Charnes, A./Cooper, W.W./Niehaus, R.J./Stedry, A.: Static and dynamic assignment models
with multiple objectives, and some remarks on organization design, in: Management Science, 15. Jg.
(1969), Heft 8, S. B-365 ff., zitiert bei: Kossbiel, Hugo, a.a.O., Spalte 1664 f
[38] Vgl. Kossbiel, Hugo, a.a.O., Spalte 1665

beitsplätzen zuordnet, werden im folgenden Abschnitt komplexere Verfahren und Methoden zur Unterstützung und Optimierung der Personaleinsatzplanung dargebracht.

Nach Mülder wird unter Methode „eine geordnete, systematische Vorgehensweise verstanden"[39], die hier die Erstellung eines optimalen Personaleinsatzplanes ermöglicht. Eine betriebswirtschaftliche Aufgabenstellung kann nur dann programmiert werden, wenn die Abläufe genau analysiert wurden und die einzelnen Ablaufschritte in Form eines Algorithmus[40] festgelegt wurden. Die Programmierung setzt einen festen Ablauf einzelner Arbeitsschritte und damit stets das Vorhandensein einer Methode voraus.[41]

5.1 Assistenten

Mit der Bezeichnung Assistenten werden Anwendungen bezeichnet, die den Personalplaner unterstützend zur Hand gehen. Sie dienen als Informationspool indem sie unter anderem vergangenheitsbezogene Informationen bezüglich der Personaleinsatzplanung statistisch aufbereiten und auswerten sowie verschiedene Ansichten anbieten. Assistenten stellen die Personaleinsatzplanung graphisch dar und bieten dem Einsatzplaner die Möglichkeit einzelne Personaleinsätze, beispielsweise mittels drag-and-drop , zu ändern. Eine Hinweisgebung des Assistentensystems aufgrund Missachtungen von Nebenbedingungen nach einer manuellen Personaleinsatzplanänderung ist möglich.

5.2 Exakte Verfahren

Unter exakten Verfahren sind Verfahren zu verstehen, mit denen sich eine optimale Lösung berechnen lässt. Der Erhalt einer optimalen Lösung stößt jedoch häufig aufgrund der hohen Anzahl von Nebenbedingungen bzw. Restriktionen an Grenzen des mit der heutigen Technologie in vertretbarer Zeit berechenbaren.[42] Auch handelt es sich oft bei den zugrunde liegenden Daten um Schätzwerte. Die Eignung eines Mitarbeiters für einen Arbeitsplatz ist z.B. nicht exakt anzugeben, so dass eine optimale

---

[39] Vgl. Mülder, Wilhelm: Akzeptanz von computergestützter Personalplanung, in: Mülder, Wilhelm/Seibt, Dietrich (Hrsg.), a.a.O., S. 75
[40] Als Algorithmus bezeichnet man ein Verfahren zur schematischen Lösung einer Aufgabe.
[41] Vgl. Mülder, Wilhelm, a.a.O., S. 79
[42] Vgl. Salewski, Frank: Modellierungskonzepte zur Dienstplanung bei flexibler Personalkapazität, in: Zeitschrift für Betriebswirtschaft, 69. Jg. (1999), Heft 3, S. 338; Salewski, Frank/Bartsch, Thomas/Pesch, Erwin: Auftragsterminierung für die taktisch-operative Personaleinsatzplanung in Wirtschaftsprüfungsgesellschaften, in: Zeitschrift für Betriebswirtschaft, 66. Jg. (1996), Heft 3, S. 343

Lösung in Verbindung mit der sich hieraus ergebenden hohen Berechnungszeit als nicht sinnvoll erachtet wird. Gleichwohl sollen nachfolgend die wesentlichen exakten Optimierungsverfahren angesprochen und Einsatzmöglichkeiten dargestellt werden. Der Vollständigkeit halber wird die eigentlich die Personaleinsatzplanung nicht direkt tangierende Lineare Programmierung ebenfalls kurz erläutert.

5.2.1 Grundlagen

5.2.1.1 Lineare Programmierung

„Unter Linearer Programmierung versteht man Rechenverfahren zur Lösung von Modellen aus linearen Gleichungen und Ungleichungen, in denen eine lineare Zielfunktion unter Berücksichtigung von linearen Nebenbedingungen zu minimieren bzw. zu maximieren ist."[43] Zur Berechnung einer Optimallösung, sofern eine solche existiert, kann die Simplexmethode verwendet sowie Solver, z.b. CPLEX[44], eingesetzt werden. Hierauf soll nicht weiter eingegangen werden soll. Anzumerken ist, dass bei vielen Restriktionen bzw. Nebenbedingungen, wie sie bei der Personaleinsatzplanung zu erwarten sind, ein sehr hoher Rechenaufwand erforderlich wird – und demnach eine hohe Rechenzeit nötig ist.

5.2.1.2 Ganzzahlige und gemischt-ganzzahlige Programmierung

„Unter (gemischt-)ganzzahliger Programmierung werden solche Verfahren der Linearen oder Nichtlinearen Programmierung[45] verstanden, in denen alle oder nur einige Variablen ganzzahlige Werte annehmen müssen."[46] Bei der Personaleinsatzplanung ist davon auszugehen, dass ein Teil der Variablen ganzzahlig sein soll, da Personal selbstverständlich nicht fraktioniert eingesetzt werden kann. Es handelt sich demnach um ein gemischt-ganzzahliges Problem.

Zur Lösung ganzzahliger Probleme bieten sich sogenannte Branch and Bound-Verfahren an. Diese Verfahren sind spezielle Enumerationsverfahren, welche die Optimallösung systematisch durch Aufspalten des zulässigen Bereichs eines Opti-

---

[43] Vgl. Ellinger, Theodor: Operations Research, 3. Aufl., Berlin u.a. 1990, S. 10
[44] Bei CPLEX handelt es sich um einen sogenannten „Stand-Alone-Optimierer", der reine Optimierungskomponenten anbietet und deswegen in Anwendungssysteme einzubinden ist. Neben LP, IP und MIP bietet CPLEX Netzwerk-Programmierung und konvexe quadratische Programmierung. Siehe hierzu: Biederbick, Claus/Suhl, Leena: Optimierungssoftware im Internet, in: Wirtschaftsinformatik, 40. Jg. (1998), Heft 2, S. 160
[45] „In der Nichtlinearen Programmierung sind Zielfunktion und/oder Nebenbedingungen nichtlinear". Siehe hierzu: Ellinger, Theodor, a.a.O., S. 10
[46] Vgl. Ellinger, Theodor, a.a.O., S. 10

mierungsproblems suchen. Die aus der Aufspaltung (Verzweigen=Branching) entstehenden Teilbereiche werden entweder getrennt optimiert oder, falls die zu erwartende Optimallösung im jeweiligen Teilbereich schlechter sein wird als die bisher beste bekannte Lösung in einem anderen Bereich, aus der weiteren Betrachtung ausgeklammert (Bounding).[47]

Zur Lösung gemischt-ganzzahliger Probleme kann das Branch and Bound- Verfahren leicht modifiziert verwendet werden. Hierzu müssen die Aufspaltungen auf nur solche Variablen beschränkt werden, für die eine Ganzzahligkeitsforderung besteht.[48]

Als Optimierungssystem kann beispielsweise CPLEX eingesetzt werden. Auch für die ganzzahlige und gemischt-ganzzahlige Programmierung ist ein hoher Rechenaufwand erforderlich.

5.2.2 Einsatz

5.2.2.1 Ungarische Methode

Die Ungarische Methode ist ein spezielles Optimierungsverfahren, das auf dem Prinzip der Matrizenreduktion und –transformation beruht. Hierbei wird die Matrix so reduziert, dass kein Koeffizient negativ, aber genügend Koeffizienten gleich Null werden, bei denen dann eine Zuordnung Eignungsgrad e_{rq} = 1 erfolgt. Dazu muss man bei der Ungarischen Methode mehrere Stufen durchlaufen, die nun nachfolgend vorgestellt werden:

1. Aus einer Bewertungsmatrix (Arbeitskraft mit Fähigkeiten der Art r zu Arbeitsplatz mit Bedarf der Art q) werden die Feldeinträge e_{rq} von dem maximalen Wert e_{rq}^{max} jeweils subtrahiert.

2. Die jeweils minimalen Zeilenwerte werden von den Feldeintragungen aus 1. subtrahiert.

3. Die jeweils minimalen Spaltenwerte werden von den Feldeintragungen aus 2. subtrahiert.

4. Es findet eine Registratur von unabhängigen Nullvektoren[49] statt: Markierung dieser Nullen durch ein Kästchen und Streichung der dazugehörigen Zeile und Spalte; sind r = q unabhängige Nullen gefunden worden, liegt bereits eine optimale Zuordnung vor, ansonsten Fortsetzung in Schritt 5.

---

[47] Vgl. Ellinger, Theodor, a.a.O., S. 166
[48] Vgl. Ellinger, Theodor, a.a.O., S. 173
[49] Zwei Nullen heißen unabhängig, wenn sie nicht in derselben Zeile bzw. Spalte auftreten.

5. Nun findet eine Bestimmung des Systems von Decklinien der Matrix statt, d.h. der minimalen Anzahl von Zeilen/Spalten, mit denen alle Nullen abgedeckt werden. Mit anderen Worten: Belege Zeilen/Spalten, die Nullelemente enthalten, derart mit Linien, dass alle Nullelemente durch die geringst mögliche Anzahl von Linien überdeckt werden. Also:

    a. Markiere die Zeilen, die keine mit Kästchen markierte Nullen aufweisen;

    b. Markiere die Spalten, die Nullelemente in den markierten Zeilen haben;

    c. Markiere die noch nicht markierten Zeilen, die mit einem Kästchen versehene Nullen in den markierten Spalten haben;

    d. Wiederhole die Schritte b. und c. solange, bis keine Markierungen mehr vorgenommen werden können;

    e. Belege alle nichtmarkierten Zeilen und alle markierten Spalten mit Linien;

    f. Schlussfolgerung in Schritt 6.

6. Bestimme das kleinste nicht von einer Linie abgedeckte Element der Matrix, subtrahiere dieses von allen nicht abgedeckten Elementen der Matrix und addiere es zu allen doppelt abgedeckten Elementen; die einfach abgedeckten Elemente werden unverändert in die neue Matrix übertragen. Fortsetzung in Schritt 4.

Bei Einsatz dieser Methode wird man erkennen, dass bei einer optimalen Personaleinsatzplanungen nicht unbedingt jede Arbeitskraft den für sie individuell besten Arbeitsplatz zugewiesen bekommt. Der Grund liegt an dem Ziel, das Gesamtergebnis (den Gesamtnutzen) zu steigern, wobei ein partieller Verzicht auf eine individualoptimale Zuordnung nötig sein kann.

Weiter müssen folgende Einschränkungen angesprochen werden:

1. Das Personalzuordnungsmodell ist nur für Einsatzzuordnungen in kleinen, in sich homogenen Gruppen von Arbeitskräften geeignet und keinesfalls für Makrostrukturen.

2. Das vorgestellte Personalzuordnungsmodell ist aufgrund des Verzichts auf eine Zeitdatierung ein statisches Model, das allenfalls für kurzfristige Zuordnungen eingesetzt werden kann. Aufgrund dieses Mangels können auch arbeitsteilige Abhängigkeiten zwischen den Arbeitsplätzen keine Berücksichti-

gung finden, da dies Vorgänger und Nachfolger im Arbeitsablauf implizieren würde.

3. Die Lösung des Modells gilt lediglich für den Fall R = Q , falls R ≠ Q , so müssten künstliche fiktive Arbeitskräfte oder blinde Arbeitsplätze eingeführt werden

4. Den eigentlichen Problembereich des Zuordnungsmodells bilden die Eignungskoeffizienten e_{rq} [50]

5.2.2.2 Modellgestützte Personaleinsatzplanung im Einzelhandel

Haase konstruiert ein mathematisches Modell zur Bestimmung einer kostenminimalen Auswahl von zuvor formulierten Arbeitszeitmustern. Das Optimierungsproblem der Personaleinsatzplanung im Einzelhandel kann als allgemeines Überdeckungsproblem folgendermaßen modelliert werden:

Minimiere $\{\sum_{m\in M} c_m y_m \mid \sum_{m\in M} a_{t,m} y_m \geq b_t ; y_t \geq 0 \text{ und ganzzahlig; } t = 1,...,T; \}$

wobei

M	=	Menge aller Arbeitszeitmuster
$a_{t,m}$	=	1, falls gemäß Arbeitszeitmuster m in der Periode t zu arbeiten ist (0, sonst)
b_t	=	Personalbedarf in Periode t
c_m	=	Kosten des Arbeitszeitmusters m
y_m	=	ganzzahlige Variable, die angibt, wie viele Beschäftigte entsprechend dem Arbeitszeitmuster m einzusetzen sind

gilt.

Laut Zielfunktion sind die Gesamtkosten zu minimieren. Die Nebenbedingung gewährleistet genügend zur Verfügung stehendes Personal in Periode t.

Da die Anzahl der möglichen Arbeitszeitmuster mit der Anzahl der Perioden exponential wächst, ist es nicht vorteilhaft, die Menge M explizit zu betrachten. Es wird anstelle dessen eine Teilmenge M' ⊆ M mittels der Methode der Spaltengenerierung und hieran aufbauend eine ganzzahlige Lösung bestimmt. Die Teilmenge wird mit

---

[50] Vgl. Mag, Wolfgang, a.a.O., S.110 ff.

dem Simplex-Algorithmus gelöst. Hierzu kann ein Standardsolver wie CPLEX eingesetzt werden.[51]

5.2.2.3 Optimierungsverfahren zur zyklischen Einsatzplanung

Bei diesem Verfahren handelt es sich um ein effizientes Optimierungsverfahren zur zyklischen Personaleinsatzplanung unter Berücksichtigung freier Arbeitstage. Das Verfahren ist auf der linearen Programmierung aufgebaut und berücksichtigt unterschiedliche Kosten für verschiedene Wochenarbeitspläne. Zu Beginn wird auf Grundlage des dualen LP-Modells die minimale Personalstärke bestimmt. Im Anschluss werden die Arbeitskräfte auf die verschiedenen Wochenarbeitspläne bzw. auf unterschiedliche freie Tage mit dem Ziel minimaler Lohnkosten aufgeteilt. Hierzu werden drei Fälle minimaler Mitarbeitergröße unterschieden und näher untersucht.[52] Das Verfahren gilt lediglich für sogenannte (5, 7)-Probleme, bei welchem das Personal jeweils siebentägigen Modellen mit zwei aufeinanderfolgenden freien Tagen zugeordnet wird.[53]

5.3 Heuristische Verfahren

Wie im vorherigen Abschnitt schon angesprochen, lässt sich das Problem der Optimierung der Personaleinsatzplanung nur mit unverhältnismäßig hohem Rechenaufwand exakt lösen. Dies gilt für viele mathematische Optimierungsprobleme, im speziellen bei kombinatorischen Problemen, wie z.B. bei den schon angesprochenen Problemen der ganzzahligen linearen Planungsrechnung, oder auch bei Reihenfolgeproblemen und bei ausgewählten Zuordnungsproblemen.

Bei den heuristischen Verfahren oder Nährungsverfahren handelt es sich um Verfahren zur Suche von guten (nahezu optimalen) Lösungen für ein Optimierungsproblem in möglichst kurzer Zeit. Sie bestehen aus bestimmten Vorgehensregeln zur Lösungsfindung, die in Bezug auf das jeweils angestrebte Ziel und unter Berücksichtigung der jeweiligen Problemstruktur als sinnvoll, zweckmäßig und erfolgsversprechend erscheinen.[54] Die generelle Einfachheit bezüglich der Implementierung auf einem

---

[51] Vgl. Haase, Knut: Modellgestützte Personaleinsatzplanung im Einzelhandel, in: Zeitschrift für Betriebswirtschaft, 69. Jg. (1999), Heft 2, S. 237 f.
[52] siehe zu weiteren Ausführungen: Alfares, Hesham K.: Efficient optimization of cyclic labor days-off scheduling, in: OR Spektrum, 23. Jg. (2001), Heft 2, S. 283-294
[53] Vgl. Alfares, Hesham K, a.a.O., S. 283 f.
[54] Vgl. Müller-Merbach, Heiner: Operations Research, 3. Aufl., München 1988, S. 290

Rechner ist hervorzuheben.[55] Gleichwohl wird zunächst keine Gültigkeit oder Optimalität garantiert und in vielen Fällen wird nicht einmal eine Aussage darüber getroffen, wie nahe die gefundene Lösung am Optimum liegt. Für heuristische Verfahren ist eine spezielle Problemorientierung signifikant. Sie zeigt sich darin, dass heuristische Verfahren häufig speziell für ein zu lösendes Problem entwickelt werden und Universalität vermissen lassen.[56]

5.3.1 Grundlagen

5.3.1.1 Eröffnungsverfahren

Ein Eröffnungsverfahren konstruiert eine zulässige Lösung – häufig eine Anfangslösung – des betrachteten Problems. Es hat häufig die Form eines sogenannten Greedy-Algorithmus, welcher aus einzelnen Schritten besteht. In jedem Schritt wird durch eine „lokal-optimale" Entscheidung ein Teil der Lösung festgelegt.[57]

5.3.1.2 Lokale Such- bzw. Verbesserungsverfahren

Lokale Such- bzw. Verbesserungsverfahren beginnen meistens mit einer zulässigen Lösung des Problems, die entweder zufällig oder durch Anwendung eines Eröffnungsverfahrens bestimmt wird. In jeder Iteration wird von der soeben betrachteten Lösung x zu einer Lösung aus der Nachbarschaft NB(x) fortgeschritten, wobei NB(x) alle Lösungen enthält, die sich aus x durch einmalige Anwendung einer zu spezifizierenden Transformationsvorschrift ergeben.[58]

5.3.1.3 Deterministische bzw. stochastische Verfahren

Deterministische Verfahren berechnen bei mehrmaliger Anwendung auf dasselbe Problem und bei gleichen Startbedingungen stets dieselbe Lösung.[59]
Stochastische Verfahren beinhalten eine Zufallskomponente. Aufgrund dieser Komponente kommt man bei wiederholter Anwendung auf dasselbe Problem normalerweise zu jeweils unterschiedlichen Lösungen.[60]

---

[55] Vgl. Neumann, Klaus/ Morlock, Martin: Operations Research, München 1993, S. 406
[56] Vgl. Müller-Merbach, Heiner, a.a.O., S. 290
[57] Vgl. Neumann, Klaus/ Morlock, Martin, a.a.O., S. 403
[58] Vgl. Domschke, Wolfgang/ Drexl, Andreas: Einführung in Operations Research, 4. Aufl., Berlin u.a. 1998, S. 121
[59] Vgl. Domschke, Wolfgang/ Drexl, Andreas, a.a.O., S. 121
[60] Vgl. Domschke, Wolfgang/ Drexl, Andreas, a.a.O., S. 122

5.3.1.4 Lokale Suchverfahren im engeren Sinne – heuristische Metastrategien

Im Gegensatz zu reinen Verbesserungsverfahren, die enden, sobald in einer Iteration kein verbesserter Wert gefunden wird, und die demnach Gefahr laufen, dass der Zielfunktionswert dieses lokalen Optimums sehr viel schlechter ist als der des globalen Optimums, erlauben lokale Suchverfahren im engeren Sinne Züge, die zwischenzeitlich zu Verschlechterungen des Zielfunktionswertes führen.

5.3.1.4.1 Simulated Annealing

Ansätze des Simulated Annealing können als stochastische Variante sogenannter Threshold-Algorithmen bezeichnet werden. Die Threshold-Algorithmen akzeptieren bei der Nachbarschaftssuche im Gegensatz zu einfachen Local Search-Verfahren auch Lösungen, deren Zielfunktionswerte schlechter sind als die der zugehörigen Ausgangslösungen. Diese Verschlechterung der Zielfunktionswerte muss aber unter einer vorher deterministisch festgelegten Schwelle liegen. Während des Verfahrens wird diese Schwelle sukzessive verringert, so dass schließlich nur noch zielfunktionsverbessernde Nachbarschaftslösungen angenommen werden und das Verfahren in einem lokalen Optimum endet. Der Vorteil gegenüber klassischen Verfahren liegt darin, dass man die Möglichkeit hat, gefundene lokale Optima in Abhängigkeit vom Fortschritt des Verfahrens wieder verlassen zu können, um den Lösungsraum nach anderen, besseren lokalen Optima zu durchsuchen.

Beim Simulated Annealing wird die deterministische Schwelle durch eine stochastische Schwelle ersetzt. Die Annahmewahrscheinlichkeit für eine den Zielfunktionswert verschlechternde Nachbarschaftslösung hängt einerseits vom Grad der Lösungsverschlechterung und andererseits von einem verfahrensfortschrittabhängigen Kontrollparameter ab.[61]

An dieser Stelle soll auf Abramson hingewiesen sein, der eine Stundenplanoptimierung unter Einsatz von Simulated Annealing durchgeführt hat.[62]

5.3.1.4.2 Tabu Search

In der simpelsten Form von Tabu Search wird in jeder Iteration die Nachbarschaft NB(x) vollständig untersucht. Unter allen erlaubten Nachbarn wird derjenige Nach-

---

[61] Weissermel, Markus: Tourenplanungsprobleme mit Zeitfensterrestriktion, Göttingen 1999, S. 106
[62] siehe zu weiteren Ausführungen: Abramson, D.: Constructing school timetables using simulated annealing: sequential and parallel algorithms, in: Management Science, 37. Jg. (1991), Heft 1, S. 98-113

bar mit dem besten Zielfunktionswert ausgewählt und als Ausgangspunkt für die nächste Iteration verwendet. Dabei spielt es keine Rolle, ob sich der Zielfunktionswert hierbei verschlechtert. Im Gegensatz zum stochastischen Simulated Annealing wird jedoch eine schlechte Lösung nicht zufällig, sondern nur dann angenommen, wenn es keine Verbesserungsmöglichkeit gibt. Damit man nun nicht bei einer vorherigen akzeptierten Verschlechterung des Zielfunktionswertes im nächsten Schritt zu einer zuvor schon besuchten besseren Lösung zurückkehrt, müssen derartige Lösungen „tabu" gesetzt werden.[63]

Exemplarisch setzt Schaerf zur Optimierung eines Stundenplanes für Schulen einen Tabu Search basierten Algorithmus ein. Hierbei wird die Anfangslösung zufällig unter Einhalt der Randbedingungen erstellt bzw. aus vorherigen Abläufen übernommen. Mittels einer sogenannten randomized non-ascendent method (RNA), werden Nachbarn solange ausgewählt, wie sie besser oder wenigstens gleich gut sind. Die Methode wird beendet, sobald innerhalb einer vorgegebenen Anzahl an Iterationen der Zielfunktionswert nicht mehr verbessert werden kann. Nun läuft Tabu Search solange bis innerhalb einer vorher definierten Anzahl an Iterationen keine Zielfunktionswertverbesserung mehr erreicht wird. Dieser Vorgang wird solange wiederholt bis es innerhalb einer vorgegebenen Anzahl dieses Kreises (RNA und TS) keine Verbesserung des Zielfunktionswertes mehr erreicht wird.[64]

5.3.1.4.3 Evolutionäre Algorithmen - Genetische Algorithmen

Verfahren, basierend auf sogenannten evolutionären Algorithmen, gehen von einer zulässigen Anfangslösung aus und mutieren diese in Analogie zur zufälligen biologischen Genänderung. Diese Verfahren werden beispielsweise bei der Personaleinsatzplanung im öffentlichen Personennahverkehr eingesetzt. Dabei wird nach jeder Lösungs-Mutation unter zur Hilfenahme einer Kostenfunktion, in der die Erfüllung verschiedener Optimierungskriterien bewertet wird, und einer Entscheidungsheuristik festgelegt, ob sie beibehalten und als neue Lösungsvariante bei den nächsten Mutationsschritten berücksichtigt oder verworfen werden soll. Auf diese Art wird der Dienstplan sukzessive unter Einhaltung technischer und gesetzlicher Restriktionen verbessert.[65]

---

[63] Vgl. Domschke, Wolfgang/Drexl, Andreas, a.a.O., S. 123
[64] Vgl. Schaerf, Andrea: Tabu Search Techniques for Large High-School Timetabling Problems, Amsterdam (Holland) 1996, S. 8
[65] Vgl. Bodendorf, Freimut: Wirtschaftsinformatik im Dienstleistungsbereich, Berlin u.a. 1999, S. 78 f.

Das Prinzip der genetischen Algorithmen, einer Teilgruppe der evolutionären Algorithmen, besteht in der Erzeugung ganzer Populationen (Mengen) von Lösungen, wobei durch Kreuzung guter Lösungen neue erzeugt werden. Ebenfalls sollen die genetischen Operatoren Mutation und Selektion Erwähnung finden. Mutation bedeutet hier, eine Lösung an einer oder mehreren Stellen zu verändern. Unter Selektion versteht man die Auswahl besonders guter Lösungen, die man dann in die nachfolgende Generation (Population) aufnimmt.[66] Mittels genetischer Algorithmen lässt sich exemplarisch die kurzfristige Personaleinsatzplanung in Krankenhäusern erstellen.[67]

5.3.1.5 Expertensysteme

„Expertensysteme (Expert Systems, XPS) sind Computerprogramme, in denen das Wissen von Experten gespeichert ist und die in bestimmten, eng begrenzten Aufgabenbereichen ähnlich wie menschliche Experten Probleme lösen können."[68] Expertensysteme verarbeiten eine theoretisch unbegrenzte und unbekannte Anzahl von Ausgangssituationen. Als Ergebnis liefern sie häufig mehrere Lösungsvorschläge. Bei Expertensystemen bestimmen Heuristiken die Suche nach möglichen Lösungen.[69] Die Personaleinsatzplanung zeichnet sich innerhalb des dispositiven Bereichs (siehe Abschnitt 1) als ein Forschungsschwerpunkt von Expertensystemen für die Personalplanung ab.[70] In diesem Zusammenhang sei auf einen Beitrag von Reusch hingewiesen[71], in dem ein sich sowohl für die Unterstützung der kurzfristigen Personaleinsatzplanung als auch für die Unterstützung längerfristiger Planungshorizonte eignendes Expertensystem vorgestellt wird.

5.3.2 Einsatz

5.3.2.1 Konventionelle EDV-Lösung

Eine geeignete Stellenzuordnung findet bei der sogenannten konventionellen EDV-Lösung mittels eines Profilvergleichs statt. Zu diesem Zweck wird für den Arbeits-

---

[66] Vgl. Domschke, Wolfgang/Drexl, Andreas, a.a.O., S. 124
[67] Siehe zu weiteren Ausführungen: Aickelin, U.: Dienstplanerstellung in Krankenhäusern mittels genetischer Algorithmen, Diplomarbeit Universität Mannheim 1996
[68] Vgl. Abts, Dietmar/Mülder, Wilhelm: Grundkurs Wirtschaftsinformatik, 2. Aufl., Braunschweig u.a. 1998, S. 241
[69] Vgl. Abts, Dietmar/Mülder, Wilhelm, a.a.O., S. 242
[70] Vgl. Finzer, Peter:, a.a.O., S. 221
[71] Siehe hierzu: Reusch, P.: Anwendungsbeispiele für Expertensysteme in der Personalwirtschaft, in: Personalführung, 22. Jg. (1989), Heft 12, S. 1140-1144

platz ein Anforderungsprofil erstellt, in dem alle für wichtig und entscheidend erachteten Anforderungsarten und Anforderungsmerkmale festgehalten werden. Für den potentiellen Mitarbeiter wird ein Fähigkeitsprofil generiert, das u.a. etwas über dessen Anlagen, Ausbildungen und Übungen sowie Erfahrungen aussagt. Für den Profilvergleich wird auf zwei Informationsblöcke zurückgegriffen:

1. Die Personalstammdatei, in der Mitarbeitdaten gespeichert sind.

2. Die datentechnisch aufbereiteten Stellenbeschreibungen, aus denen sich stellenbezogene Anforderungsprofile ableiten lassen.

Zur Ableitung eines Anforderungsprofils hat sich mit dem sogenannten Genfer Schema[72] ein relativ stabiler Konsens über folgende sechs Anforderungsarten herausgebildet:

- Können, geistig/körperlich

- Belastung, geistig/körperlich

- Verantwortung

- Arbeitsbedingungen (Umgebungseinflüsse)

Die Anforderungsarten und –merkmale werden komplettiert durch ihre jeweiligen Anforderungsintensitäten oder Anforderungshöhen.

Das Fähigkeitsprofil eines Mitarbeiters kann mit Hilfe sogenannter fähigkeitsdiagnostischer Verfahren entwickelt werden. Hierunter fällt u.a. die Analyse von vom Bewerber eingereichter Dokumente, wie z.B. Schul- und Arbeitszeugnisse als auch Bewerberinterviews oder –beobachtungen. [73]

Vor Beginn des Profilabgleichs muss sowohl eine Auswahl zu bewertender Kriterien als auch eine einheitliche Skalierung bezüglich der Anforderungs- und Fähigkeitsbeurteilung erarbeitet worden sein.

5.3.2.1.1 Einfaches Stellenzuordnungssystem

Beim einfachen Stellenzuordnungssystem findet ein aus folgenden vier Stufen bestehender Abgleichprozess statt:

1. Aufbereitung der Informationen aus der Stellenbeschreibung und Auswahl der zu vergleichenden Anforderungskriterien.

2. Aufbereitung der Informationen aus der Personalstammdatei hinsichtlich der zu vergleichenden Kriterien.

---

[72] Das Genfer Schema wurde 1950 auf einer internationalen Konferenz von Arbeitswissenschaftlern im Auftrag des Internationalen Arbeitsamtes in Genf entwickelt und vorgelegt.
[73] Vgl. Mag, Wolfgang, a.a.O., S.101

3. Festlegung von Toleranzen für den Abgleich.

4. Aufbau des Fähigkeitsprofils und Vergleich der aufbereiteten Informationen aus Stufe 2 mit den Anforderungskriterien aus Stufe 1 unter Berücksichtigung der festgelegten Toleranzen aus Stufe 3.

In dieser Form kann exemplarisch ein Profilabgleich zwischen einer Tätigkeit bzw. Stelle und mehreren potentiellen Arbeitskräften durchgeführt werden. Der umgekehrte Weg, d.h. ein Profilabgleich zwischen einer Arbeitskraft und mehreren potentiellen Tätigkeiten bzw. Stellen kann nach diesem Muster ebenso stattfinden.[74]

5.3.2.1.2 Berücksichtigung eines differenten Arbeitsanfalls

Bei Arbeitsanfall in unterschiedlicher Höhe ist das Zuordnungssystem zu modifizieren. So müssen die Sollgrößen der Personalbedarfsplanung temporal fortgeschrieben und vom Abgleichsystem eingelesen werden können. In der Bedarfsermittlung müssen darüber hinaus die nach Mitarbeitergruppen differenzierten Verrichtungstypen auf einzelne Stellen bezogen werden, so dass eine individuelle Berücksichtigung im Profilabgleich gewährleistet ist. Entscheidend ist die numerische Einheit der Vergleichskomponenten, d.h. entweder der Einzel- oder der Gruppenvergleich zwischen Stellenanforderungen und Mitarbeiterfähigkeiten und –qualifikationen.

Der Zuordnungsprozess verläuft nun nach folgenden Phasen:

1. Ermittlung des quantitativen und über die Verrichtungstypen des qualitativen Personalbedarfs anhand oben aufgeführter Modifikation.

2. Fortschreibung dieser Werte durch Eingabe des erwarteten Aufwands für den nächsten Planungszeitraum und neue Berechnung der quantitativen und qualitativen Größen.

3. Bei starken Abweichungen zwischen Soll- und Ist-Größen nach einer erneuten Berechnung des Personalbedarfs kann im Falle einer Unterdeckung, die das Zuordnungsproblem neu aufwirft, ein Profilabgleich vorgenommen werden.[75]

Die beiden angesprochenen Systeme sind jedoch nicht ohne methodische Problematik. So ist einerseits neben der kompletten Erfassung aller personaleinsatzentscheidenden Daten besonders auf die Identität der Merkmalsinhalte und Merkmalsstufen sowohl auf der Stellen- bzw. Arbeitsplatz- als auch auf der Personalseite zu achten. Selbst gleiche oder entsprechende Bezeichnungen für Anforderungs- und Fähig-

---

[74] Vgl. Heinecke, Albert: EDV-gestützte Personalwirtschaft, München u.a. 1994, S. 141 ff.
[75] Vgl. Heinecke, Albert, a.a.O., S. 145 f.

keitsmerkmale bieten nicht immer Gewähr für die Identität, da sie aus unterschiedlichen Verschlüsselungen und verschiedenartigen Ermittlungsmethoden stammen können. Es ist auch zu beachten, dass für die Aufstellung der Profile nur begrenzt messbare Daten zur Verfügung stehen, so dass die Zuordnung häufig aufgrund von subjektiven Beurteilungen erfolgen muss. Andererseits ist der Versuch einheitlicher Beurteilungsgesichtspunkte besser als Entscheidungen, die oft ohne methodische Hilfsmittel getroffen werden.[76]

5.3.2.2 Tourenbildung

5.3.2.2.1 Set-Covering-Probleme

Die Zusammenstellung einer Folge von Aktivitäten zu Touren lässt sich der Klasse der kombinatorischen Entscheidungsprobleme zuordnen. Die Analyse kombinatorischer Probleme befasst sich mit der Anordnung, Gruppierung, Reihenfolge oder Auswahl von diskreten Objekten. Ein konventioneller Optimierungsansatz ist aufgrund der im allgemeinen hohen Anzahl von Variablen für die Personaleinsatzplanung nicht lohnenswert. Die Tourenbildung wird anstelle dessen in zwei Phasen aufgeteilt. In der ersten Phase werden Touren in großer Zahl generiert. In der zweiten Phase findet eine kostenoptimale Auswahl aus diesen Touren statt, unter der Bedingung, dass durch die ausgewählten Touren alle Aktivitäten abgedeckt sind. Diese Art der Probleme werden als Set-Covering-Probleme bezeichnet.

Die Modellformulierung lautet wie folgt:

Zielfunktion $\qquad \sum_{j=1}^{n} c_j x_j \rightarrow \min$

Restriktionen $\qquad \sum_{j=1}^{n} a_{ij} x_j \geq 1 \qquad$ für $\qquad i \in M$

Nichtnegativitäts-/Ganzzahligkeitsbedingungen

$\qquad x_j \in (0,1) \qquad$ für $\qquad j \in N$

Mit den Symbolbedeutungen

M	=	$\{1,...,i,...,m\}$	Indexmenge aller Merkmale (Aktivitäten) i
N	=	$\{1,...,j,...n\}$	Indexmenge aller Variablen (Touren) j
c_j	=		Kostenkoeffizient der j-ten Variablen
x_j	=	1	j-te Variable ist Bestandteil der Überdeckung

---

[76] Vgl. Mag, Wolfgang, a.a.O., S.105 f.

x_j = 0 sonst

a_{ij} = 1 Merkmal i ist ein Element der Variable j

gehörenden Teilmenge $S_j = M$

a_j = 0 sonst

Für die Set-Partitioning-Formulierung wird die oben angegebene Restriktion ersetzt durch:

$$\sum_{j=1}^{n} a_{ij} x_j = 1 \qquad i \in M$$

Hiernach darf nun jedes Merkmal in genau einer Teilmenge vorkommen.

Es handelt sich bei dem Set Covering um ein ganzzahliges Optimierungsproblem, da die Variablen nur die Werte 0 und 1 annehmen dürfen. Standard-Lösungsverfahren, wie z.b. Branch-and-Bound-Verfahren, sind wegen der im allgemeinen hohen Anzahl an Variablen nicht praktikabel.

Einige spezialisierte Verfahren sind als Algorithmen konzipiert, die auf eine optimale Lösung konvergieren oder aber als heuristische Verfahren aufgebaut, d.h. es handelt sich um nicht-willkürliche Lösungsverfahren ohne Optimalitätsgarantie.[77]

Kann man die Problemstellung so gliedern, dass die Einsatzplanung als eine Folge von paarweisen Zuordnungen abgebildet werden kann, so eignet sich ein Matching-Ansatz, der Teilprobleme sequentiell als Zuordnungsprobleme löst.[78]

5.3.2.2.2 Rostering Probleme (Tourenfolgenbildung)

Das Ziel des Verfahrens von Carraresi/Gallo[79] ist es, für einen festgelegten Planungszeitraum von m Tagen die Arbeitslast möglichst gleichmäßig auf eine gegebene Menge von Busfahrern zu verteilen. Jeder Tour wird dabei eine Gewichtung zugewiesen, die mehrere Komponenten enthalten kann und sich umgekehrt proportional zur Beliebtheit einer Tour verhält. Es wird angestrebt, die Summe über m in einer zulässigen Reifenfolge stehenden Touren für den am schlechtesten gestellten Busfahrer zu minimieren. Die Fragestellung lässt sich als mehrstufiges Engpass-Zuordnungsproblem (Multi-level-Bottleneck-Assignment) formulieren. Zunächst werden für jeweils zwei aufeinanderfolgende Tage zulässige Lösungen für einstufige

---

[77] Vgl. Spätig, Martin, a.a.O., S. 19 ff.
[78] Vgl. Spätig, Martin, a.a.O., S. 23

MaxMin-Zuordnungsprobleme gesucht. Für das Engpaß-Zuordnungsproblem sei auf den Algorithmus von Garfinkel[80] hingewiesen, der auf den Verfahren zum „klassischen" Zuordnungsproblem aufbaut. Anschließend wird versucht, die Gesamtlösung durch die Ermittlung sogenannter stabiler Lösungen zu verbessern.[81]

5.3.2.3 Personaleinsatzplanung als Constraintproblem

Constraints bieten die Möglichkeit der Formalisierung und Lösung kombinatorischer Optimierungsprobleme. Hierbei besteht die wesentliche Idee darin, die alle Variablen des kombinatorischen Optimierungsproblems betreffende Zielfunktion durch Constraints zu repräsentieren, die jeweils nur Belegungen eines Teils der Variablen – den sogenannten lokalen Variablen des Constraints – bewerten.[82] „Die Komponenten eines Constraintproblems sind Constraints, Variablen und deren Domänen, wobei die Constraints die Belegung der Variablen mit Werten aus ihren Domänen einschränken."[83]

Im Bezug auf die Formulierung des Problems der Personaleinsatzplanung als ein Constraintproblem, müssen die Variablen, ihre Dömanen und die Randbedingungen, die an den Dienstplan gestellt werden, spezifiziert werden. Es kann zwischen harten und weichen Constraints unterschieden werden. Bezugnehmend auf die Personaleinsatzplanung im Pflegedienst von Krankenhäusern muss jederzeit eine Mindestbesetzung an Pflegepersonal gewährleistet sein, wohingegen eine größere Normalbesetzung bevorzugt wird. Die Constraints werden weiter in Hierarchieebenen eingeordnet, die wiederum innerhalb dieser Hierarchieebenen nach zusätzlichen Gewichten angeordnet sind. Auf die Pflegepersonalplanung bezogen wäre demnach die Mindestbesetzung oberstes Ziel. Auf der niedrigsten Stufe fände man beispielhaft die persönlichen Präferenzen der Pflegekräfte.[84] Der entscheidende Faktor, um möglichst schnell einen Dienstplan mittels lokaler Suchverfahren zu berechnen, ist die Güte der initialen Belegung der Variablen: „Prospektive Constraintverfahren (Propagierung von Domänen nicht belegter Variablen) werden verwendet, um eine möglichst gute

---

[79] Vgl. Carraresi, P./Gallo, G.: A multi-level bottleneck assignment approach to the bus driver's rostering problem, in: European Journal of Operations Research, 16. Jg. (1984), S. 163-173
[80] Vgl. Garfinkel, R.: An improved algorithm for the bottleneck assignment problem, in: Operations Research, 19.Jg. (1971), S. 1747-1751
[81] Vgl. Spätig, Martin, a.a.O., S. 24
[82] Vgl. Meyer auf'm Hofe, Harald: Kombinatorische Optimierung mit Constraintverfahren, Berlin 2000, S. 4 f.
[83] Vgl. Meyer auf'm Hofe, Harald, a.a.O., S. 13
[84] Vgl. Meyer auf'm Hofe, Harald/Tolzmann, Enno: ConPlan/SIEDAplan: Personaleinsatzplanung als Constraintproblem, in: Künstliche Intelligenz, 11. Jg. (1997), Heft 1, S. 37 f.

initiale Belegung der Variablen zu erhalten. Dabei werden diejenigen Schichten zugewiesen, die die wenigsten Constraintverletzungen erwarten lassen."[85]

5.3.2.4 Personaleinsatzplanung in Wirtschaftsprüfungsgesellschaften – ein dynamisch-stochastisches Verfahren

Zur Lösung des Problems einer kostenminimalen Mehrauftrags-Personaleinsatzplanung bei Unternehmensprüfungen unter vielfältigen Restriktionen greift das allgemein verwendete sogenannte Prioritätsregelverfahren nicht.[86] Das Prioritätsregelverfahren gibt jedem Auftrag eine Prioritätsziffer, nach der die Aufträge im Anschluss abgearbeitet werde müssen. Es liefert deterministische Entscheidungen, d.h. bei mehrfachem Einsatz des Verfahrens auf dasselbe Problem erhält man entweder nie eine oder jedes Mal dieselbe Lösung, wobei das Risiko besteht, dass nicht alle „Aufträge" bzw. der gesamte Personalbedarf gedeckt ist.[87] Aus diesem Grund wird ein dynamisch-stochastisches Verfahren verwendet, welches auf der Verwendung von verallgemeinerten Opportunitätskosten basiert Es werden hierzu in jedem Zeitpunkt geeignete Kenngrößen für den Personalbedarf und die Personalausstattung errechnet, die nachfolgend in einem zufallsgesteuerten Zuordnungsprozess verwendet werden.[88] Deckt der Verfahrensablauf nicht alle „Aufträge" ab, so kann der Lösungsprozess erneut beginnen - mit der Möglichkeit der Findung eines neuen nun geeigneten Resultats.[89]

5.3.2.5 Heuristik zur Dienstplanung bei flexibler Personalkapazität – Einsatz des randomisierten Prioritätsregelverfahrens

Das allgemeine Modell zur Dienstplanung (reine Personaleinsatzplanung), das auf dem sogenannten MRCPSP (Multi-Mode Resource-Constrained Project Scheduling Problem) basiert, leitet formal die Gemeinsamkeiten einzelnen Problemstellungen allgemeiner Ansätze (z.B. Shift Scheduling oder Days Off Scheduling) sowie anwendungsspezifischer Ansätze (z.B. Crew Scheduling oder Nurse Scheduling) her.

[85] Vgl. Meyer auf'm Hofe, Harald/Tolzmann, Enno, a.a.O., S. 39

[86] Vgl. Drexl, Andreas: Heuristische Scheduling-Verfahren zur Personaleinsatzplanung bei Unternehmensprüfungen, in: Zeitschrift für Betriebswirtschaft, 59. Jg. (1989), Heft 2 , S. 193

[87] Es besteht aber die Möglichkeit diese konzeptionellen Schwächen deterministischer Heuristiken zu überwinden, indem man das Verfahrensschema randomisiert. Siehe zu weiteren Ausführungen: Salewski, Frank/Bartsch, Thomas/Pesch, Erwin: Auftragsterminierung für die taktisch-operative Personaleinsatzplanung in Wirtschaftsprüfungsgesellschaften, in: Zeitschrift für Betriebswirtschaft, 66. Jg. (1996), Heft 3, S. 327-351

[88] Siehe zur Berechnung: Drexl, Andreas, a.a.O., S. 204 ff.

[89] Vgl. Drexl, Andreas, a.a.O., S. 205

Die Modellformulierung basiert auf dem MRCPSP mit folgenden übereinstimmenden Restriktionen:

- Jeder Job ist exakt einmal in einem Modus innerhalb eines bestimmten zeitlichen Rahmens durchzuführen.
- Es sind zwischen verschiedenen Tätigkeiten Reihenfolgebeziehungen mit Mindestabständen einzuhalten.
- Die Ressourcen stehen je Zeiteinheit und/oder im Planungszeitraum mit einer bestimmten Kapazität zur Verfügung.

Darüber hinaus wurde das Modell um weitere Nebenbedingungen ergänzt, die in der Literatur zur Projektplanung nicht oder aber nur in wenigen Arbeiten und dann auch nur isoliert untersuchte Verwendung fanden:

- Modusidentität
- Modusmengenidentität
- Wegzeiten
- Partiell erneuerbare Ressourcen[90]

Aufgrund der Komplexität eignen sich zur Lösung dieser praxisrelevanten Problemstellungen hauptsächlich Heuristiken.

Hierbei kommt ein randomisiertes Prioritätsregelverfahren zur Anwendung, bei dem die Auswahl einer von mehreren Alternativen zwar zufällig, aber mit zu den Prioritätswerten proportionalen Wahrscheinlichkeiten erfolgt. Ein randomisiertes Verfahren liefert aufgrund des Nichtdeterminismus bei mehrfacher Anwendung auf dieselbe Instanz eines Problems mehrere differierende Lösungen, unter denen sich auch eine Lösung befinden kann, die besser ist als die mit einer deterministischen Heuristik berechneten Lösungen.[91]

Das algorithmische Grundschema stellt ein Gerüst dar, welches für die Stellenauswahl, die Moduszuordnung und die Stelleneinplanung die Einbindung verschiedener Regeln zur Prioritätswertbestimmung gestattet. Eine Stelle wird mit einer Prioritätsregel λ aus der Menge derjenigen Stellen ausgewählt, die noch nicht eingeplant sind und deren Vorgänger bereits eingeplant worden sind. Nun wird der Modus mit einer Prioritätsregel μ ermittelt, in dem die ausgewählte Stelle durchzuführen ist. Hierbei ist bezüglich der Modusmengenidentität zu unterscheiden, ob bereits einer Stelle aus derselben Stellenteilmenge ein Modus zugewiesen wurde. Falls ja, so kann

[90] Vgl. Salewski, Frank: Heuristiken zur Dienstplanung bei flexibler Personalkapazität, in: OR Spektrum, 21. Jg. (1999), Heft 3, S. 362 f.
[91] Vgl. Salewski, Frank, a.a.O., S. 368

der Modus nur noch aus der korrespondierenden Modusteilmenge ausgewählt werden, falls nein beliebig. Schließlich wird der Beendigungszeitraum mit einer Prioritätsregel ν unter Beachtung der übrigen Restriktionen festgelegt. Kann die betrachtete Stelle eingeplant werden, so wird der Algorithmus mit der Einplanung weiterer Stellen fortgesetzt. Ansonsten wird versucht, die Stelle in einem anderen Modus einzuplanen. Der Algorithmus wird abgebrochen, falls keine alternativen Modi mehr zuweisbar sind, d.h. dass keine zulässige Lösung ermittelt werden konnte.[92]

Wie angesprochen werden bei den implementierten Heuristiken randomisierte Prioritätsregeln verwendet. Die Funktionsweise wird beispielhaft für die Prioritätsregel λ erläutert.

Aus λ wird für jede in der Menge EJ enthaltene Stelle j ein Prioritätswert $\overline{\lambda_j}$ abgeleitet und folgendermaßen modifiziert:

$$\overline{\overline{\lambda_j}} = (\overline{\lambda_j} + \varepsilon)^\alpha \qquad (j \in EJ)$$

wobei α und ε Kontrollparameter sind.

Die Wahrscheinlichkeit $\tilde{\lambda}_j$, dass Stelle j ausgewählt, beträgt nun

$$\tilde{\lambda}_j = \overline{\overline{\lambda_j}} / \sum_{j \in EJ} \overline{\overline{\lambda_j}} \qquad (j \in EJ)$$

Die Auswahlentscheidungen finden im Verfahren über gleichverteilte Zufallszahlen aus dem Intervall]0,1] statt. Hiernach kann die wiederholte Anwendung dieses Verfahrens mit unterschiedlichen Initialisierungen der Zufallszahlen zu mehreren unterschiedlichen Lösungen führen. Jede Kombination von Regeln der drei Auswahlschritte (Stellenauswahl, Moduszuordnung und Stelleneinplanung) in Verbindung mit dem Verfahrensschema definiert einen allgemeinen Algorithmus zur Bearbeitung des allgemeinen Dienstplanungsproblems.[93]

Allgemeines Ziel dieser Verfahrensentwicklung ist es, dass aufgrund der Konzentration auf lediglich ein allgemeines Modell, in Zukunft Verbesserungen der Resultate

---

[92] Vgl. Salewski, Frank, a.a.O., S. 369 f.
[93] Vgl. Salewski, Frank, a.a.O., S. 370 f.

erreicht werden. Hierbei kommen im speziellen Local Search Verfahren wie Tabu Search in Betracht.[94]

6 Konkrete Anwendungssysteme in der Praxis

6.1 SAP R/3 HR

Die Personaleinsatzplanung kann mittels der Softwareunterstützung durch das SAP R/3-System durchgeführt werden. Es findet eine räumliche und/oder zeitliche Zuordnung des vorhandenen Personals auf die Planstellen der Unternehmung statt, wobei ein Profilvergleich sicherstellt, dass der jeweils am besten geeignete Mitarbeiter einer Planstelle zugeordnet wird.[95] Hieraus wird ein Sollplan erstellt, in den Arbeitszeitwünsche der Mitarbeiter sowie urlaubs- oder krankheitsbedingte Personalabwesenheiten eingepflegt werden können. Das System gibt hierbei graphisch Auskunft bezüglich einer Personalüber- oder –unterdeckung. Aus dem Sollplan wird ein Istplan, in den alle kurzfristigen Veränderungen einzupflegen sind. Die Informationen der Personaleinsatzplanung werden direkt an die zentral verwaltete SAP-Komponente Zeitwirtschaft weitergeleitet.[96]

6.2 Pepo

Das Softwaresystem Pepo (Personaleinsatzplanung mittels Optimierung) ist eine leistungsfähige Software für die optimale Bemessung und Nutzung der Personalkapazitäten von Handels-, Dienstleistungs- und Industriebetrieben.[97] Der Lösungsansatz baut darauf, die Schichteinsätze in der Form zu flexibilisieren, dass die Betriebs- bzw. die Geschäftszeit jedes Arbeitstages in kleine Abschnitte unterteilt wird. Jeder Abschnitt darf als ein zulässiger Schichtbeginn angesehen werden. Auf diese Weise lassen sich die Mitarbeiter auf der einen Seite sehr viel besser der jeweiligen Arbeitsbelastung entsprechend einteilen, auf der anderen Seite wird aufgrund der nun sehr hohen Anzahl an Planvarianten der Einsatz eines Optimierungsmodells nötig.[98]

---

[94] Vgl. Salewski, Frank, a.a.O., S. 376
[95] Vgl. Henselek, Hilmar/Mag, Wolfgang/Ruhwedel, Peter: Die informationelle Unterstützung der Personalplanung durch SAP R/3 HR, in Personal, 53. Jg. (2001), Heft 3, S. 124
[96] Vgl. CDI(Hrsg.): SAP R/3 Personalwirtschaft, Haar bei München 1998, S. 86 f.
[97] Vgl. Brecht, Winfried: Computergestützte Optimierung, in: Personalwirtschaft, 26. Jg. (1999), Sonderheft 10, S. 23
[98] Vgl. Brecht, Winfried/Garvens, Michael/Pielczyk, Richard: Pepo-Personaleinsatzplanung mittels Optimierung, in Wirtschaftsinformatik, 40 Jg. (1998), Heft 5, S. 397 f.

Das System Pepo setzt sich aus drei Hauptkomponenten zur EDV-gestützten Realisierung von nachfolgenden drei Stufen des Planungsprozesses zusammen:

1. Die Datenvorbereitung besteht aus der Eingabe von Daten und Steuerinformationen durch einen Anwender sowie der darauffolgenden automatischen Generierung des Optimierungsmodells in einem standardisierten Datenformat.

2. Der Optimierungsprozess wird von einer leistungsfähigen Standardsoftware für die gemischt-ganzzahlige Optimierung (z.b. CPLEX) durchgeführt.

3. Es findet abschließend eine Aufbereitung der Optimierungsergebnisse zur Erstellung aussagefähiger Planunterlagen statt.[99]

Die hohe Geschwindigkeit des Systems erlaubt es beispielsweise für einen großen Einkaufsmarkt in wenigen Minuten einen Wochenplan zu erstellen, für den man bei einer manuellen Bearbeitung einen ganzen Arbeitstag benötigt hätte.[100] Unter Einsatz des Systems konnten Einsparpotentiale bei den Personalkapazitäten und –kosten zwischen zehn und dreißig Prozent durch eine optimale Abstimmung der Personaleinsätze auf zeitlich schwankende Kundenströme bzw. Arbeitsanforderungen erreicht werden.[101]

6.3 SP-Expert

Das Personal- und Arbeitszeitplanungssystem SP-Expert bietet als frei konfigurierbares System die Möglichkeit, jede Abteilung eines Unternehmens hinsichtlich ihrer spezifischen Eigenarten so zu modellieren, als sei es für die jeweilige Fachabteilung programmiert worden. Die Personaleinsatzplanung mit SP-Expert findet fortlaufend lückenlos in zwei miteinander verzahnten Stufen statt:

1. Planung von Arbeitszeiten (An-/Abwesenheitsplanung).

2. Planung von Arbeitsplatzbelegung, Funktionen an Arbeitsplätzen und Aufträgen.

SP-Expert besteht aus fünf Funktionsbausteinen, der An-/Abwesenheitsplanung, der Soll-/Ist-Planung, der Arbeitsplatzplanung, der Zeitwirtschaft und dem Interface Manager. Im folgenden wird kurz auf die An-/Abwesenheits- sowie die Arbeitsplatzplanung eingegangen.

---

[99] Vgl. Brecht, Winfried/Garvens, Michael/Pielczyk, Richard, a.a.O., S. 400
[100] Vgl. Brecht, Winfried: Pepo-Personaleinsatzplanung mittels Optimierung, in: OR News, (1998), Heft 4
[101] Vgl. Brecht, Winfried, a.a.O., 26. Jg. (1999), Sonderheft 10, S. 23

Im Bereich der An-/Abwesenheitsplanung findet eine automatische Grundplanung statt. Hierzu wird ein auf der Definition von Schichtschemata[102] beruhender Algorithmus verwendet, der jedem Mitarbeiter für zeitlich disjunkte Bereiche eine oder mehrere Schichtdienstfolgen eines oder mehrerer Schichtschemata zuweist.

Des weiteren prüft der Algorithmus etwaige Unterbesetzungen und bietet bei positiver Rückmeldung Vorschläge zur Lösung der Unterbesetzung an. Es können mitarbeiterindividuelle Restriktionen vorgegeben werden (z.b. Schutz von Schwangeren bei Nachtschichten), die das System als Grundlage verwendet. Der Personaleinsatzplaner wird nun bei Verletzung von Nebenbedingungen von dem System informiert.[103]

In der Arbeitsplatzplanung werden den verfügbaren Mitarbeitern einzelne Arbeitsplätze zugeteilt. Der Algorithmus verfolgt das Ziel, sowohl die erforderliche Besetzungsstärke zu erfüllen als auch eine Maximierung der sogenannten Prioritäten zu erreichen. Hierfür erhält jeder Mitarbeiter einen Prioritätswert hinsichtlich seiner Eignung für jeweilige Arbeitsplätze.[104]

Exemplarisch sei der Einsatz von SP-Expert in einem Call-Center erwähnt. Die hier von SP-Expert durchgeführte „schnelle, bequeme und zuverlässige Einsatzplanung verringert Reibungsverluste, macht das Call-Center flexibler und reduziert Personalkosten."[105]

6.4   DISSY

Bei DISSY handelt es sich um ein System für die Dienstreihenfolgeplanung im öffentlichen Personennahverkehr. Das System bietet sowohl eine graphische Darstellung der Dienstpläne als auch statistische Auswertungen zur Unterstützung des Personalplaners an. Integrierte Optimierungsalgorithmen ermöglichen eine automatische Erstellung von Dienstplänen. Hierzu werden Methoden der ganzzahligen Programmierung, Local Search Heuristiken sowie Kombinationen ebensolcher angewandt.[106]

Zur Optimierung stellt hat das System drei Module zur Verfügung. Beim Dienstrei-

[102] Ein Schichtschema setzt sich aus einer Anzahl von Schichtdienstfolgen gleicher Länge zusammen. In der Schichtdienstfolge wiederum wird die Nachfolge der einzelnen Schichtdienste so definiert, dass einerseits die Anforderungen der Arbeitsplätze und andererseits die Einhaltung der Arbeitszeitordnungen gewährleistet sind.

[103] Vgl. Feldmann, Horst-Werner/Droth, Dierk/Nachtrab, Robert: Personal- und Arbeitszeitplanung mit SP-Expert, in Wirtschaftsinformatik, 40 Jg. (1998), Heft 2, S. 142 ff.

[104] Vgl. Feldmann, Horst-Werner/Droth, Dierk/Nachtrab, Robert, a.a.O., S. 146

[105] Vgl. Deutschmann, Ingo, a.a.O., S. 35

[106] Vgl. Emden-Weinert, Thomas/Kotas, Hans-Georg/Speer, Ulf: DISSY-A Driver Rostering System for Public Transport, Online im Internet, http://people.freenet.de/Emden-Weinert/DISSY/DISSY-Whitepaper.html, Abruf: 10.07.02 um 11:50h, S. 3

henfolgeplanungs-Modul werden, basierend auf einem existierenden Dienstturnus, alle Dienste zugeordnet und die Reihenfolge bestimmt. Eine Optimierung findet auf Simulated Annealing aufbauenden Verfahren statt.[107]. Das Dienstturnusplanungs-Modul entwickelt einen Dienstturnus neu oder verändert diesen. Das Optimierungsproblem wird in Form eines gemischt-linearen-Modells dargestellt und nach dem Branch and Bound Verfahren unter zur Hilfenahme eines Solvers, z.b. CPLEX, gelöst. Zur Steigerung der Lösungsgeschwindigkeit werden Prioritätsregeln verwendet.[108] Das allgemeine Zuordnungsmodul entwickelt die Personalgruppen[109] und ihre Dienstpläne, basierend auf völlig neuen Dienstturnussen. Zur Optimierung kommen Kombinationen von ganzzahliger-linearer Programmierung und Local Search Verfahren zum Einsatz.[110]

7 Zusammenfassung und Schlussbetrachtung

Ziel der vorliegenden Arbeit war es, die Verfahren und Methoden der EDV-gestützten Personaleinsatzplanung darzulegen. In den ersten drei Abschnitten wurden Grundlagen erarbeitet sowie die Personaleinsatzplanung beeinflussende Faktoren und Einsatzgebiete erörtert. Hierbei kam eine große Anzahl an die Personaleinsatzplanung beeinflussende Nebenbedingungen bzw. Restriktionen zum Vorschein. Ebenso stellte sich der je nach Einsatzgebiet differierende Vorteil hinsichtlich einer EDV-gestützten Personaleinsatzplanung heraus. Nach Darlegung genereller Modellansätze zur Personaleinsatzplanung wurden im fünften Abschnitt die erforderlichen Verfahren und Methoden dargestellt. Es wurde dabei zwischen Assistenten, exakten sowie heuristischen Verfahren unterschieden. Der Nachteil exakter Verfahren, die langen Rechenzeiten aufgrund der in Abschnitt drei erörterten hohen Anzahl an die Personaleinsatzplanung tangierenden Nebenbedingungen bzw. Restriktionen, wurde erkennbar und der Vorteil heuristischer Verfahren hervorgehoben. Eine Übersicht konkreter Anwendungssysteme im sechsten Abschnitt sollte die steigende Nachfrage nach Systemen zur Optimierung der Personaleinsatzplanung aufzeigen.

Die EDV-gestützte Personaleinsatzplanung ist bis dato ein noch nicht gänzlich erforschtes Gebiet. Dies zeigt sich nicht zuletzt an der fehlenden bzw. kaum vorhanden Literatur bezüglich dieses Themas. Eine Behandlung findet lediglich innerhalb der

[107] Vgl. Emden-Weinert, Thomas/Kotas, Hans-Georg/Speer, Ulf, a.a.O., S. 11
[108] Vgl. Emden-Weinert, Thomas/Kotas, Hans-Georg/Speer, Ulf, a.a.O., S. 16
[109] Zur Variablenreduzierung wird das Personal in Gruppen mit ähnliche Eigenschaften/Präferenzen eingeordnet.

Darstellung der Personalplanung bzw. innerhalb der Darstellung eines Personalinformationssystems statt, wobei sie innerhalb ebenjener nicht als erschöpfend angesehen werden kann. Aufsätze über Verfahren und Methoden zur Personaleinsatzplanungsoptimierung in Fachzeitschriften zeigen die, für die Heuristik charakteristische, Einsatzmöglichkeit für lediglich jeweils speziell erörterte Bereiche auf, wobei der Aufsatz von Salewski[111] hier auszunehmen ist. Gleichwohl geben aktuelle Aufsätze die steigende betriebswirtschaftliche Bedeutung der EDV-gestützten Personaleinsatzplanung sowie die Notwendigkeit nach einer Optimierung wieder und lassen auf weitere zukünftige Fortschritte hoffen.

---

[110] Vgl. Emden-Weinert, Thomas/Kotas, Hans-Georg/Speer, Ulf, a.a.O., S. 20
[111] Vgl. Salewski, Frank, a.a.O., S. 362-379

Literaturverzeichnis

Abramson, D.:   Constructing school timetables using simulated annealing: sequential and parallel algorithms, in: Management
Science, 37. Jg. (1991), Heft 1, S. 98-113

Abts, Dietmar/   Grundkurs Wirtschaftsinformatik,
Mülder, Wilhelm: 2. Aufl., Braunschweig u.a. 1998

Aggarwal. S. C.:   A focussed review of scheduling in services,
in: European Journal of Operational Research, 9. Jg.
(1982), S. 114-122

Aickelin, U.:   Dienstplanerstellung in Krankenhäusern mittels
genetischer Algorithmen, Diplomarbeit Universität
Mannheim 1996

Alfares, Hesham K.: Efficient optimization of cyclic labor days-off
scheduling, in: OR Spektrum, 23. Jg. (2001), Heft 2,
S. 283-294

Bader, Bachar: Computerunterstützte Personalinformationssysteme,
Diss. Technische Universität Dresden 1996

Biederbick, Claus/ Optimierungssoftware im Internet, in:
Suhl, Leena: Wirtschaftsinformatik, 40. Jg. (1998), Heft 2,
S. 158-162

Bodendorf, Freimut: Wirtschaftsinformatik im Dienstleistungsbereich,
Berlin u.a. 1999

Brecht, Winfried: Computergestützte Optimierung, in: Personalwirtschaft,
26. Jg. (1999), Sonderheft 10, S. 23-32

Brecht, Winfried: Pepo-Personaleinsatzplanung mittels Optimierung, in:
OR News, (1998), Heft 4

Brecht, Winfried/   Pepo-Personaleinsatzplanung mittels Optimierung,

Garvens, Michael/   in: Wirtschaftsinformatik, 40. Jg. (1998), Heft 5,

Pielczyk, Richard: S. 397-408

Bühner, Rolf/   Rechnerunterstützter Personaleinsatz-dargestellt am

Kleinschmidt, Peter: Beispiel einer Fertigungsinsel-Organisation, in: Die

Betriebswirtschaft, 49. Jg. (1989), Heft 6, S.761-768

Carraresi, P./Gallo, G.:   A multi-level bottleneck assignment approach to the

bus driver´s rostering problem, in: European Journal of

Operations Research, 16. Jg. (1984), S. 163-173

CDI(Hrsg.):   SAP R/3 Personalwirtschaft, Haar bei München 1998

Charnes, A./   Static and dynamic assignment models with multiple

Cooper, W.W./   objectives, and some remarks on organization design,

Niehaus, R.J./   in: Management Science, 15. Jg. (1969), Heft 8,

Stedry, A.:   S. B-365-B-375

Deutschmann, Ingo: Flexibilität im Call-Center, in: Personalwirtschaft,

26. Jg. (1999), Sonderheft 10, S. 33-35

Dietrich, Nadja: Personalplanung und Arbeitsrecht,

Diss. Technische Universität Berlin 2001

Domsch, Michel: Systemgestützte Personalarbeit, Wiesbaden 1980

Domschke, Wolfgang/   Einführung in Operations Research,

Drexl, Andreas: 4. Aufl., Berlin u.a. 1998

Drexl, Andreas: Heuristische Scheduling-Verfahren zur Personal-

einsatzplanung bei Unternehmensprüfungen, in: Zeit-

schrift für Betriebswirtschaft, 59. Jg. (1989), Heft 2,

S. 193-212

Drumm, Hans Jürgen: Personalplanung, in: Gaugler, Eduard/Weber, Wolf-gang (Hrsg.): Handwörterbuch des Personalwesens, 2. Aufl., Stuttgart 1992, Spalten 1758-1769

Eisenbeis-Trinkle, Petra: Warteschlangen adé, in: Personalwirtschaft, 28. Jg. (2001), Heft 3, S. 88-90

Ellinger, Theodor: Operations Research, 3. Aufl., Berlin u.a. 1990

Emden-Weinert, Thomas/   DISSY-A Driver Rostering System for Public
Kotas, Hans-Georg/   Transport, Online im Internet,
Speer, Ulf: http://people.freenet.de/Emden-Weinert/DISSY/DISSY -Whitepaper.html, Abruf: 10.07.02 um 11:50h

Fastenmeier, Heribert: Arbeitszeit-Management im Krankenhaus, in: Personalwirtschaft, 26. Jg. (1999), Sonderheft 10, S. 15-20

Feldmann, Horst-Werner/   Personal- und Arbeitszeitplanung mit SP-Expert,
Droth, Dierk/   in: Wirtschaftsinformatik, 40 Jg. (1998), Heft 2,
Nachtrab, Robert: S. 142-149

Finzer, Peter: Personalinformationssysteme für die betriebliche Personalplanung, München u.a. 1992

Garfinkel, Robert S.:   An improved algorithm for the bottleneck assignment problem, in: Operations Research, 19. Jg. (1971), S. 1747-1751

Haase, Knut: Modellgestützte Personaleinsatzplanung im Einzelhan-del, in: Zeitschrift für Betriebswirtschaft, 69. Jg. (1999), Heft 2, S. 233-243

Heinecke, Albert: EDV-gestützte Personalwirtschaft, München u.a. 1994

Henselek, Hilmar/   Die informationelle Unterstützung der Personalplanung
Mag, Wolfgang/   durch SAP R/3 HR, in: Personal, 53. Jg. (2001), Heft 3,
Ruhwedel, Peter: S. 122-127

Hornung, Volker: Personalwesen, in: Luczak, Holger/Volpert, Walter
                           (Hrsg.): Handbuch Arbeitswissenschaft, Stuttgart 1997

Jarrah, Ahmad I. Z./   Solving Large-scale Tour Scheduling Problems, in:
Bard, Jonathan F./   Management Science, 40. Jg. (1994), Heft 9,
DeSilva, Anura H.:   S. 1124-1144

Kossbiel, Hugo: Personaleinsatz und Personaleinsatzplanung, in:
                           Gaugler, Eduard/Weber, Wolfgang (Hrsg.): Handwör-
                           terbuch des Personalwesens, 2. Aufl., Stuttgart 1992

Küpper, Willi: Skriptum der Vorlesung Personalplanung der
                           Universität Hamburg im Wintersemester 2001/2002

Mag, Wolfgang: Einführung in die betriebliche Personalplanung,
                           2. Aufl., München 1998

Meyer auf'm Hofe,   Kombinatorische Optimierung mit Constraintverfahren,
Harald: Berlin 2000

Meyer auf'm Hofe,   ConPlan/SIEDAplan: Personaleinsatzplanung als
Harald/   Constraintproblem, in: Künstliche Intelligenz, 11. Jg.
Tolzmann, Enno: (1997), Heft 1, S. 37-40

Mülder, Wilhelm: Akzeptanz von computergestützter Personalplanung,
                           in: Mülder, Wilhelm/Seibt, Dietrich (Hrsg.): Methoden-
                           und computergestützte Personalplanung, 2. Aufl., Köln
                           1994

Mülder, Wilhelm: Personalinformationssysteme – Entwicklungsstand, Funktionalität und Trends, in: Wirtschaftsinformatik, 42.Jg. (2000), Sonderheft, S. 98-106

Müller-Merbach, Heiner: Operations Research, 3. Aufl., München 1988

Neumann, Klaus/ Morlock, Martin: Operations Research, München 1993

Oechsler, Walter A./ Strohmeier, Stefan: Grundlagen der Personalplanung, in: Mülder, Wilhelm/ Seibt, Dietrich (Hrsg.): Methoden- und computergestützte Personalplanung, 2. Aufl., Köln 1994

ohne Verfasser: Arbeitszeiten im Wandel, in: Personalführung, 34. Jg. (2001), Heft 6, S. 15-16

Rationalisierungs-Kuratorium der Deutschen Wirtschaft: RKW – Handbuch der Personal-Planung, 3. Aufl., Neuwied 1996

Reusch, P.: Anwendungsbeispiele für Expertensysteme in der Personalwirtschaft, in: Personalführung, 22. Jg. (1989), Heft 12, S. 1140-1144

Salewski, Frank: Heuristiken zur Dienstplanung bei flexibler Personalkapazität, in: OR Spektrum, 21. Jg. (1999), Heft 3 , S. 362-379

Salewski, Frank: Modellierungskonzepte zur Dienstplanung bei flexibler Personalkapazität, in: Zeitschrift für Betriebswirtschaft, 69. Jg. (1999), Heft 3, S. 319-345

Salewski, Frank/   Auftragsterminierung   für   die   taktisch-operative

Bartsch, Thomas/   Personaleinsatzplanung in Wirtschaftsprüfungsgesell-

Pesch, Erwin: schaften, in: Zeitschrift für Betriebswirtschaft, 66. Jg.

                             (1996), Heft 3, S. 327-351

Schaerf, Andrea: Tabu Search Techniques for Large High-School

                             Timetabling Problems, Amsterdam (Holland) 1996

Schwarze, Jochen: Einführung in die Wirtschaftsinformatik, 4. Aufl.,

                             Berlin u.a. 1997

Seibt, Dietrich/   Methoden- und computergestützte Personalplanung,

Mülder, Wilhelm: Köln 1986

Spätig, Martin: Computergestützte Personaleinsatzplanung in einer

                             Eisenbahnunternehmung, Diss. Universität Bern 1988

Weissermel, Markus: Tourenplanungsprobleme   mit   Zeitfensterrestriktion,

                             Göttingen 1999

www.ingramcontent.com/pod-product-compliance
Lightning Source LLC
LaVergne TN
LVHW092355060326
832902LV00008B/1054